부자 될 준비

이재범(핑크팬더) 지음

책수레

부자 될 준비

초판 1쇄 2023년 1월 16일

지 은 이 이재범(핑크팬더)
펴 낸 이 묵향
편　　집 묵향

펴 낸 곳 책수레
출판등록 2019년 5월 30일 제2019-00021호
주　　소 서울시 도봉구 노해로 67길 2 한국빌딩 B2
전　　화 02-3491-9992
팩　　스 02-6280-9991
이 메 일 bookcart5@naver.com
블 로 그 https://blog.naver.com/bookcart5
인 스 타 @bookcart5

ISBN　　979-11-90997-13-3 (13320)

부자를 꿈꾸는 당신에게

많은 사람이 부자를 꿈꾼다. 부자는 어떤 사람인지, 어떻게 부자가 되었는지 알기 위해 수많은 강의를 쫓아다니고 책을 읽는다. 부자가 했던 방법을 그대로 따라 하려고 노력한다. 하지만 꽤 오랜 시간이 지나도 여전히 별반 차이가 없다. 무엇이 잘못된 것일까?

부자가 그리 쉽게 가능하다면 누구나 부자가 될 수 있고 우리 주변에 부자가 많을 것이다. 그렇기 않기에 부자는 인구에 비해 적을 수밖에 없다. 부자가 되고자 하는 사람은 수없이 많지만 부자가 된 사람은 극히 드물다. 부자가 되는 데는 시간이 오래 걸린다. 그걸 깨닫는 것만으로도 부자가 되는 초입에 들어선 것이나 마찬가지다.

하루아침에 부자가 되는 일은 세상 어디에도 없다. 우리는 어느 날 갑자기 부자가 되어 나타난 사람을 목격하게 된다. 착각하지 말자. 누구도 뚝딱하고 부자가 된 사람은 없다. 부자가 된 사람을 오늘 알았을 뿐이다. 그가 부자가 되기까지 얼마나 찌질한 경험을 했는지 모르고 노력한 과정도 모른다. 알려고 하지도 않는다.

부자를 소개하는 책은 부자가 된 과정이 생략되어 있다. 자신이 얼마나 힘들었고 이를 어떻게 극복했는지 알려주는 데 그친다. 중간 과정이 생략되니 가슴이 뜨거워지고 마음이 콩닥콩닥거린다. 그러나 정작 어디서부터 어떻게 해야 할지 알 수 없다. 굳은 결심으로 부자가 되기 위한 큰 발걸음을 힘차게 내딛지만, 그 여정에서 겪는 시행착오를 어떻게 극복하고 헤쳐 나가야 할지 몰라서 맨땅에 헤딩하기 일쑤다.

아끼고 저축하고 일정 금액의 돈을 모았다고 부자가 될 수는 없다. 과거에는 부지런히 일하고 착실하게 돈을 모으는 것만으로도 부자가 될 가능성이 컸다. 재테크에 대한 별다른 지식이 없어도 괜찮았다. 자산을 보유하고 있으면 물가상승률 이상으로 자산 가격이 올라 부자 소리를 들을 수 있었다. 부자가 되는 방법은 너무 단순했다.

대한민국 사회가 복잡해지고 정책과 제도가 개발도상국을 넘어 선진국 수준으로 발전하면서 예전처럼 쉽게 돈을 벌 수 있는 시대는 지났다. 돈을 은행에 넣어두거나 아무 자산이나 갖고 있다고 하여 돈이 되는 시대는 끝났다. 그런 시대는 다시 오지 않을 것이다.

도대체 부자들은 어떻게 그 지루한 과정을 이겨냈을까? 나와는 무엇이 달라 부자가 된 것일까? 나는 왜 시간이 지나도 여전히 제자리걸음에서 벗어나지 못하는 것일까? 타고난 부자가 아닌 우리는 후천적 부자를 꿈꿀 수밖에 없다. 후천적 부자가 된 사람들의 공통점은 바로 끊임없이 준비하고 또 준비했다는 점이다. 그들이 어떤 시선으로 세상을 바라보고, 눈앞에 벌어지는 현상을 어떻게 파악하고 준비했는지 궁금하지 않은가?

많은 책이 당신도 노력하면 부자가 될 수 있다고 독려한다. 심지어 노력하지 않아도 부자가 된다는 주장도 한다. 이런 책들이 인기를 끌고 사람들의 호응을 얻어 베스트셀러가 된다. 하지만 이런 책을 읽어도 현실은 바뀌지 않는다. 동기 부여 책을 계속 읽어도 변하지 않는 이유다. 아무리 읽어도 부자가 되었다는 것만 알려줄 뿐이다. 어떤 준비를 해서 부자가 되었는지는 알려주지 않는다.

이 책은 특정 인물을 소개하여 그가 어떻게 부자가 되었는지 알려주지 않는다. 당신도 노력하면 부자가 될 수 있다는 환상을 심어주려고 이 책을 쓰지 않았다. 노력만으로 부자가 될 수 있다는 이야기도 하지 않는다. 노력하지 않는 사람은 없기 때문이다. 노력하는 것만으로는 부족하다. 부자의 관점으로 세상과 현상을 바라봐야 한다.

하루종일 앉아 공부만 하는데도 성적이 제자리인 학생이 있다. 이 학생은 정말로 성실하게 공부하지만 정작 무엇이 중요한지 모른다. 시험에 나올 부분을 공부해야 하는데 엉뚱한 곳을 공부한다. 시간은 시간대로 잡아먹고 성적은 성적대로 나오지 않는다. 좋은 성적을 얻으려면 공부하는 과목에서 시험에 나올 부분을 효과적으로 공부해야 한다.

부자가 되는 방법도 같다. 모든 사람이 똑같이 신문을 읽고 뉴스를 본다. 금융위기 등의 경제적 어려움도 모든 사람이 함께 겪는다. 현재 우리가 보는 모든 것은 나만 보는 게 아니다. 똑같은 사건, 사고를 다 같이 보고 있다. 그런데도 누군가는 신문을 읽고 기회를 발견하고, 뉴스를 보며 세상의 변화를 포착한다. 사건, 사고를 통해 새롭게 펼쳐질 흐름을 눈치채고 남들보다 먼저 움직인다. 이들이 바로 부자가 된 사람이다.

부자가 되는 방법은 다양하다. 부동산 투자, 주식 투자, 사업, 월급쟁이 등등. 각 분야에서 부자가 된 사람들이 있다. 이들이 부자가 된 방법은 해당 분야의 책을 읽어보면 어느 정도 알 수 있다. 하지만 전체적이고 큰 관점을 논하는 책은 드물다. 모든 분야는 개별적으로 움직이지 않는다. 특정 분야의 자산 가격만 오르지 않는다. 다른 분야의 자산 가격도 함께 상승한다. 우리는 개별 분야가 서로 연결되어 변화하는 흐름을 알아보는 눈을 가져야 한다.

예를 들어 전 세계적으로 특정 분야의 수요가 늘어나면 해당 분야 수출 기업의 이익이 늘어난다. 기업은 늘어난 수요를 맞추기 위해 공장을 더 짓는다. 새로 선정된 공장부지 인근에 주택 수요가 생긴다. 이에 따라 관련 기업의 주가가 오른다. 인근 토지와 주택가격도 오른다. 덩달아 유입 인구도 늘어나며 지역 경제가 살아난다.

이처럼 전체적인 그림을 볼 줄 알아야 한다. 그 안에서 벌어지는 자산시장의 변화와 인간 심리를 함께 예측하고 대응하는 연습을 평소에 해야 한다. 평범한 내 눈으로 보고 읽고 느끼고 생각하는 것은 아무런 도움이 되지 못한다. 오늘 신문에 난 기사를 나도 보고 부자도 본다. 똑같은 기사를 본 후의 반응이 중요하다. 이를 위한 준비가 필요하다.

노력해야 한다. 아주 많이 해야 한다. 여기서 말하는 노력은 근면 성실하게 열심히 땀 흘려 일하는 것을 의미하지 않는다. 지금까지와는 다르게 부자의 관점으로 세상을 바라보려는 노력을 말한다. 부자의 관점으로 보지 못하면 열심히 노력해도 아무런 티도 나지 않는다. 준비한 자만이 부자가 된다.

책의 1부에서는 부자들이 돈을 어떻게 생각하고 어떤 마인드를 가지고 있는지를 배우고, 2부에서는 변화를 두려워하지 않는 부자의 습관과 태도를 배운다. 3부에서는 부자들이 어떤 관점으로 투자하는지, 4부에서는 부자가 어떤 눈으로 세상을 바라보는지, 5부에서는 끊임없이 움직이고 변화하는 부자에 대해 살펴본다. 6부에서는 부자가 되는 공부 방법을 소개한다.

이 책을 통해 부자가 될 준비를 하고 부자의 관점을 얻기 바란다. 부자는 세상의 온갖 것을 다 돈으로 만들어 낸다. 그들이 엄청난 고급 정보를 가진 것은 아니다. 우리와 똑같은 상황과 정보로 돈을 만들어 내고 굴리고 불린다. 당신과 다른 점은 딱 하나다. 평소에 쉬지 않고 준비하여 부자의 관점으로 세상을 바라보고 움직였을 뿐이다.

책에 나온 모든 내용을 처음부터 전부 소화하고 실천하기는 힘들다. 부자들도 책에서 소개한 모든 내용을 전부 실천하지는 않는다. 이 중에 자신에게 잘 맞는 몇몇 부분이라도 확실하게 습득해서 실천하라. 머지않아 예전과는 다른 나를 발견하게 될 것이다. 기존과는 다른 눈으로 세상을 바라보고 있다는 걸 깨닫게 될 것이다.

부자가 되는 출발점은 의식과 태도의 변화다. 습관을 통해 무의식적인 행동이 쌓이고 부자의 관점으로 세상을 바라볼 때 어느 순간 부자로 가는 길에 서 있음을 알게 될 것이다. 부자의 관점으로 마인드를 다잡고 실천하며 준비하라. 이 책을 읽은 모든 사람이 원하는 결과를 달성할 것이다. 쉽지 않은 길이지만 도달할 수 없는 것도 아니다. 차근차근 준비하면 다시 올 기회를 놓치지 않을 것이다. 중요한 건 과거가 아니라 다가올 미래 아니겠는가. 이 책으로 출발한 모두가 정상에서 만났으면 한다!

차례

5부 부자가 되려면 움직여라
|부자가 되는 길|

6부 사람을 읽고 사람을 공부하라
|부자 되는 공부법|

제1부
돈을 바라보는 시선부터 바꿔라

부자의 생각

부자가 되려면 욕심을 가져라

'끌어당김의 법칙'이 있다. 자기계발 책에서 빠지지 않는 개념이다. 무언가를 간절하게 원하면 그 바람이 이뤄진다는 것이다. 《시크릿》 책을 통해 대중화가 되었다. R=VD라는 말도 있다. Vivid Dream Realization의 약자로써 생생하게(vivid) 꿈꾸면(dream) 이루어진다(realization)는 뜻이다. 이지성 작가의 책 《꿈꾸는 다락방》을 통해 널리 알려졌다.

없으면 없이 살겠다는 '안빈낙도(安貧樂道)'의 삶을 추구하는 사람에게는 필요하지 않은 개념이다. 무언가를 간절히 원하는 것은 욕망과 관련되어 있다. 바라는 것이 없는 사람은 꿈조차도 꾸지 않는다. 간절함의 차이는 있을지언정 인간은 누구나 더 갖기 원하고 자신이 부족한 것에 대한 욕망이 있다. 중국을 통일한 진시황제는 부족함이 없는 삶을 유지하려고 불로장생을 꿈꿨다. 지금보다 더 갖고 싶다는 인간의 본능에 충실한 행동이었다.

에이브러햄 매슬로(Abraham H.Maslow)의 인간 욕구 5단계 이론이 있다. 인간의 욕구는 총 다섯 단계로 나뉘며, 하위 단계의 욕구가 충족되면 상위 단계의 욕구를 충족하기 위해 노력한다는 내용이다.

1단계는 생리적 욕구이고, 2단계는 안전에 대한 욕구이고, 3단계는 소속과 사랑의 욕구다. 사람들에게 인정받고 싶고 일에서 성공하고 싶은 사회적 욕구라 불린다. 4단계는 자존의 욕구로 타인에게 존경받고 싶어 하는 욕구다. 마지막 5단계는 자아실현의 욕구다.

인간은 먹고살기 위해 노력한다. 이 욕구가 충족되면 안정적인 삶을 추구한다. 계약직보다 정규직을 더 편안하게 여기는 것과 같다. 그다음에는 특정 집단에 소속되고 그 집단에서 성공하기를 꿈꾼다. 성공하여

매슬로(Maslow) 인간의 욕구 5단계

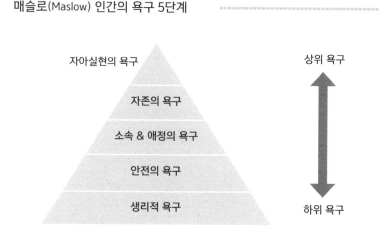

자아실현의 욕구
자존의 욕구
소속 & 애정의 욕구
안전의 욕구
생리적 욕구

상위 욕구
하위 욕구

주변 사람들에게 존경받고 싶어 한다.

1단계와 2단계는 인간이 살아가면서 필수적으로 가져야만 하는 단계이다. 3단계와 4단계는 타인에게 인정받아야만 가능한 욕구이다. 5단계는 자신을 스스로 인정해야만 충족되는 욕구이다. 1단계에서 만족하는 사람이 있고 2단계까지 가야 안도하는 사람이 있다. 3단계까지 가야 삶의 보람을 느끼는 사람도 있고 4단계를 추구할 때 삶의 의미를 갖는 사람도 있다.

인간의 욕구 5단계를 부자에 대한 욕망으로 바꿔서 생각해 볼 수 있다. 가난을 벗어나기 위한 1단계, 아끼고 저축하는 2단계, 종잣돈을 불리고 늘리는 3단계, 드디어 원하는 부자가 되어 주변 사람들에게 인정받는 것은 4단계라고 할 수 있다. 부자 중에 자신의 부를 기부하고 더 좋은 일에 쓰려고 하는 사람은 5단계이다.

사람들은 대부분 1단계를 거쳐 2단계에서 만족하며 멈춘다. 몇 명만이 3단계를 이루려고 노력한다. 사람들에게 부자라고 인정받는 4단계에 진입하는 사람은 드물다. 부자들도 주변 사람들에게 인정받는 4단계에서 만족한다. 자아실현까지 가는 5단계 부자는 극히 드물다. 이들은 부자라고 확실하게 인정받는 4단계에 만족하지 않는다.

지금까지 부자에 대한 욕망을 충족하는 단계를 매슬로의 인간 욕구 5단계 이론에 대입해 설명했다. 간단하게 말하면 부자는 욕심이 많다. 부자가 꼭 되고야 말겠다는 집념과 의지로 똘똘 뭉쳐 있다. 부자가 된 사람 중에 돈 욕심이 없는 사람은 없다. 자신이 원하는 일을 재미있게 하다 보니 부자가 되었다는 사람도 있지만 그들도 부자(돈)에 대한 욕망이 있었다.

자신이 원하는 일에서 재미만을 추구했다면 그들은 결코 부자가 되지 못했다. 끌어당김의 법칙이나 R=VD에서 부족한 것이 있는데 그것은 바로 '행동'이다. 간절히 원하고 꿈을 꾼다고 이뤄지는 건 없기 때문이다.

욕심은 누구에게나 있다. 욕심이 없는 사람은 인간의 기본적인 생존 본능마저 억눌러야 한다는 뜻이 된다. 인류가 지금처럼 발전한 원동력 중 하나는 인간의 욕심이다. 더 갖고자 하는 건 인간의 본능이다. 욕심이 과해서 생긴 탐욕이 아니라면 욕심은 인간을 움직이는 원동력이다.

부자가 되겠다는 욕심이 있어야 부자가 될 수 있다. 한때 10년 안에 10억을 만들자는 열풍이 분 적이 있었다. 10억이라는 액수를 달성한 사람도 있고 실패한 사람도 있다. 5억이든 10억이든 목표한 금액을 달성하겠다는 욕심 없이 돈을 모은다면 실패할 확률이 높다.

욕심은 나쁜 것이 아니다. 욕심이 없었다면 링컨은 대통령이 되지 못하고 노예제도 폐지라는 인류 역사의 진전을 이루지 못했을 것이다. 왕이 되고자 하는 욕심이 없었다면 이성계는 조선을 세우지 못했을 것이다. 금과 향료를 얻을 욕심이 없었다면 콜럼버스는 신대륙을 발견하지 못했을 것이다. 개인의 욕심이 오히려 발전을 불러왔다.

위인들은 평범한 사람은 비교도 되지 않을 정도로 욕심이 많았다. 부자들도 마찬가지다. 돈에 대한 욕심이 그들을 부자로 만든 것이다. 위인들의 욕심은 인류 역사를 발전시킨 위대한 원동력이고 부자들의 돈 욕심은 천박하다고 생각하는가? 돈에 대한 욕심을 가졌기에 부자의 가족은 돈 걱정 없이 하고 싶은 것을 할 수 있다. 인류 역사를 거창하게 발전시키지는 못했을지라도 의미 있는 욕심이다.

개인의 욕심이 채워지면 그 단계의 욕망이 충족된다. 그리고 다음 단계의 욕망을 추구하면서 인류 역사를 발전시킬 수 있다. 빌 게이츠가 기부로 가난한 사람들의 교육을 돕는 것이 하나의 예이다.

힘들고 어려운 가운데 정성스럽게 기부한 10만 원도 분명히 의미 있는 금액이지만, 부자가 되어 기부하는 1억 원은 더 많은 사람에게 큰 의미가 되고 그들의 인생에 도움을 줄 수 있다. 빌 게이츠는 재산 대부분을 기부했지만 여전히 돈에 대한 욕심이 있다. 다양한 곳에 투자하며 재산을 불리려고 노력한다. 그렇기에 빌 게이츠가 재산을 기부해도 여전히 세계 부자 순위에서 내려가지 않는다.

돈에 대한 욕심이 나쁜 것이 아니라 탐욕스럽게 돈을 가지려 하는 것이 나쁜 것이다. 주식시장에는 이런 격언이 있다. "곰(약세장)도 돈을 벌고, 소(강세장)도 돈을 벌지만, 돼지(탐욕)는 도살당한다." 탐욕스러운 돼지가 되려고 하는 것인가? 그렇지 않다. 누구도 돼지가 되려고 하지는 않는다. 돈에 대한 욕심은 결코 탐욕이 아니다.

수단 방법을 가리지 않고 돈을 벌려고 하는 것과는 구분해야 한다. 그런 식으로 모은 부는 매슬로 이론의 4단계인 타인에게 존경받는 자존의 욕구는 물론이고, 3단계인 타인에게 인정받고 싶은 욕구도 채우지 못한다. 타인에게 인정도 존경도 받지 못한다면 부자가 되어도 실패한 인생이라고 해야 하지 않을까.

돈에 대한 욕심을 가져라! 부자가 되고 싶다는 욕심을 가져라! 욕심이 없다면 돈은 끌어당겨지지 않을뿐더러 아무리 꿈을 꿔도 이뤄지지 않는다!

돈은 반드시 필요하다

세상에서 가장 굴욕스러운 일은 말이지, 먹고 사는 걱정에서 헤어나지 못하는 일이야. 난 돈을 멸시하는 사람들을 보면 경멸감밖에 들지 않네. 그런 자들은 위선자가 아니면 바보야. 돈이란 제 육감과 같아. 그게 없이는 다른 오감을 제대로 사용할 수가 없지. 적정한 수입이 없으면 인생의 가능성 가운데 절반은 막혀버리네.

딱 한 가지 조심해야 할 것은 한 푼 벌면 한 푼 이상 쓰지 않아야 한다는 거야. 예술가에겐 가난이 제일 좋은 채찍이 된다는 말들을 하잖나. 그렇게 말하는 사람들은 가난의 쓰라림을 직접 겪어보지 못해서 그래.

가난이 사람을 얼마나 천하게 만드는지 몰라. 사람을 끝없이 비굴하게 만드네. 사람의 날개를 꺾어버리고, 암처럼 사람의 영혼을 좀먹어 들어가지. 부자가 되어야 한다는 건 아니야. 하지만 적어도 품위를 유지할 수 있는 정도, 방해받지 않고 일을 할 수 있고, 너그럽고 솔직할 수 있을 정도, 그리고 독립적으로 살 수 있을 정도는 있어야지.

나는 말이야, 글을 쓰건 그림을 그리건 예술 하는 사람이 먹고사는 일을 자기 예술에만 의존한다면 그런 사람을 정말 가련하게 보네.

서머싯 몸(William Somerset Maugham)《인간의 굴레》 중

고상한 직업을 가졌거나 고상한 작업을 하는 사람들은 돈을 터부시해야 한다고 믿는다. 특히 예술가들은 돈이 창작열을 죽이는 더러운 벌레와 마찬가지라고 생각한다. 서머싯 몸이 쓴《달과 6펜스》의 실제 주인공이자 '타히티의 여인들' 그림으로 유명한 고갱은 살아생전에 너무 가난했다. 고갱은 "가난이 천재성을 키우는 것도 사실이지만 고통이 너무 심하면 천재성이 완전히 바닥 날 것이다."라는 말로 가난의 고통을 토로했다.

고갱의 작품을 구입하던 유일한 화가 고흐가 사망한 후 고갱은 엄청나게 많은 작품을 창작했다. 이를 보고 사람들은 가난이 그의 창작열을 불태웠다고 말한다. 잘 모르는 사람들이 무엇인들 이야기하지 못하겠는가. 정작 사람들은 고갱이 얼마나 비참한 삶을 살았는지에는 관심을 기울이지 않는다. 사후에 고갱은 재평가되어 현대미술사에서 중요한 화가인 피카소와 뭉크에게 큰 영향을 미쳤다는 평가를 받고 업적도 인정받았다. 그러나 그가 살아생전에 가난을 벗어나지 못하고 어려운 삶을 살았다는 이야기는 쏙 빼놓는다.

이에 반해 동시대에 활동했던 고흐는 정신적인 문제로 정신병원에 입원하고 스스로 귀를 자르기도 했지만 금전적인 어려움을 겪지 않았다. 오히려 고갱을 후원하기도 했다. 경제적으로 힘들지 않았던 고흐는

고갱보다 미술사에 작은 영향을 미쳤을까? 아니다! 커다란 영향을 미쳤다. 고흐도 우열을 가리기 힘들 정도로 위대한 미술가였다.

당신은 고갱과 고흐의 삶 중에서 어떤 삶을 택하고 싶은가? 고상한 예술을 한다는 작가에게도 가난은 축복이 아니다. 고갱은 돈이 없어 창작열에 불탔던 것이 아니다. 하나의 작품이라도 더 팔아 생존하려는 몸부림이었다. 가난이 창작에 도움이 되는 건 일정 부분 사실이다. 하지만 고도의 정신력이 필요한 창작과 가난은 그다지 관련이 없다. 가난하지만 끝까지 창작을 완수한 예술가와 경제적 여유를 갖고 창작을 완수한 예술가. 둘 중에 어떤 부류가 더 많을 것 같은가?

살아생전에 경제적 여유를 갖고 사는 삶이 더 행복하다. 죽어서 후대에 인정받고 존경받는 건 아무런 의미가 없다. 가난했지만 사후에 제대로 평가받는 것과 경제적 여유를 갖고 살면서 작품 활동을 하는 것 중에 택하라면 나는 무조건 후자를 택할 것이다. 더구나 가족까지 있다면 더 이상 생각할 거리도 안 된다.

자본주의 사회에서 돈이 없다는 건 하고 싶은 걸 할 수 없다는 의미다. 많은 예술가들이 경제적 문제로 의지를 꺾고 예술가의 길을 포기한다. 오히려 예술가의 삶을 꿈꾸지 않던 사람이 취미생활로 시작한 예술이 사람들에게 인정받아 예술가로 탈바꿈하기도 한다.

싫든 좋든 돈은 우리에게 필요하다. 자본주의 사회에서는 무엇이든지 전부 돈으로 구할 수 있다. 내가 하고 싶은 걸 마음껏 할 수 있는 것도, 하기 싫은 것을 하지 않겠다고 말할 수 있는 용기도 돈의 힘에서 나온다. 서두의 《인간의 굴레》 글에서도 품위를 유지할 정도의 돈이 필요하다고 고백한다.

부자와 당신 중에 누가 더 돈이 필요 없을까? 부자가 돈이 더 필요 없는 삶을 산다. 그런데 진짜로 돈이 필요한 당신보다 부자가 더 돈을 원하고 필요성을 느낀다. 지금도 부자는 돈을 불리려고 노력한다. 지금의 생활을 유지하고 삶을 더욱 풍요롭게 만들기 위해 돈을 굴리고 불리려고 노력한다.

이루고 싶은 꿈이 있는가? 꿈을 이루기 위해 우리는 노력한다. 그러나 돈이 없으면 노력해도 꿈을 이루기 어렵다. 이것이 우리가 살아가는 자본주의 세상이다. 지금도 많은 사람이 꿈을 이루려고 노력한다. 꿈을 이루기 위한 노력은 칭찬받을 만하지만 그 꿈을 현실로 만들기 위한 돈은 무시할 수 없다. 꿈을 이루지 못하고 좌절하는 사람은 대부분 돈이 없어 그렇게 된다. 자신의 재능과 꿈의 크기에 따라 성취는 다르겠지만 돈만 있었다면 어느 정도 이룰 수 있었을 것이다.

당신이 하고 싶은 것을 할 수 있게 해주는 돈. 당신이 하기 싫은 것을 하지 않을 용기를 주는 돈. 아직도 돈이 필요 없다고 생각하는가? 당장 때려치우고 싶은 직장을 계속 다니는 이유가 무엇일까? 회사를 그만두고 나가봤자 별다른 게 없기도 하고, 가족을 생각하면 고정적인 월급을 포기할 수 없기 때문이기도 하다. 결국은 돈이 핵심이다. 돈이 없는 한 하기 싫은 것을 할 수밖에 없다.

대한민국은 자유가 있는 나라이다. 헌법에도 분명히 명시되어 있다. 하지만 당신에게 선택의 자유는 없다. 법의 테두리 안에서 하고 싶은 것을 마음껏 할 수 있는 자유가 당신에게 주어졌지만 그럴 수 없다는 것을 당신은 알고 있다. 반면에 누군가는 하고 싶은 것을 한다. 왜 그런가? 바로 돈이 있냐 없냐의 차이다. 돈이 당신에게 자유를 준다는 표현이 거슬리는가? 어쩔 수 없다. 자본주의 사회에서 살아가는 내가 감당해야 할 숙명인 것을.

많은 돈은 필요 없고 적당히 있으면 된다고 말하고 있는가. 그렇게 말하는 당신은 하고 싶은 것을 마음껏 하지 못하는 삶을 산다. 솔직하게 돈이 꼭 필요하다고, 없으면 안 된다고 외쳐라. 이를 실천하는 부자들은 자신이 하고 싶은 것을 하면서 산다. 너무 모순된 삶이 아닌가? 인정하기 싫어도 우리 인생에서 돈은 반드시 필요하다.

공기가 없으면 죽는 것처럼 돈도 마찬가지다. 공기가 폐에 주입되지 않으면 죽는 것처럼 자본주의 사회에서 돈이 없으면 비참한 삶을 살아야 한다. 제대로 숨을 쉴 수 없어서 산소호흡기에 의지하며 살고 싶은가? 최소한의 품위를 유지하면서 하고 싶은 것을 할 수 있을 정도의 돈은 반드시 필요하다.

행운은 언제나 내 편이다

가장 큰 행운은 로또에 당첨되는 것이 아닐까 한다. 뜻하지 않은 행운이 생겼을 때 흔히 "로또 맞았다"라며 축하하기도 한다. 로또 복권 시행 초기에 당첨자가 나오지 않고 몇 회 연속으로 이월된 적이 있다. 당첨금이 몇백억 원까지 치솟으며 로또 광풍이 불었다. 너도나도 로또를 구입했다. 지금도 주말이면 로또 당첨 번호를 발표한다. 로또는 행운으로 모든 것이 결정되는 시스템이다. 능력은 1도 들어가지 않는다.

로또 당첨번호를 맞추는 프로그램을 이용하는 사람도 있고 기존에 당첨된 번호를 다양하게 조합하는 사람도 있다. 그러나 로또는 전적으로 행운이 당첨자를 결정한다. 간혹 돼지꿈이나 똥을 뒤집어쓴 꿈을 꾸고 당첨되었다는 이야기도 있고, 돌아가신 분이 나타나 번호를 알려줬다는 이야기도 있다. 그러나 이것도 전적으로 행운이라는 요소를 배제하고는 설명이 안 된다. 로또 당첨자가 다시 로또를 구입해도 당첨이 보장되지 않는 이유다.

실제로 로또에 당첨된 사람들은 어김없이 다시 로또를 산다. 그것도 몇십만 원이나 몇백만 원어치를 산다. 당첨의 그 짜릿함을 잊을 수가 없어 자기도 모르게 산다고 한다. 열심히 로또 당첨번호를 분석해도 당첨될 확률은 벼락 맞을 확률만큼 낮다. 숫자를 1, 2, 3, 4, 5, 6으로 선택하든지 무작위로 6개의 번호를 선택하든지 당첨 확률은 똑같다. 당첨번호가 10, 11처럼 연속된 경우가 많은데 그렇다고 확률상 달라지는 것은 없다. 당첨확률은 똑같이 N분의 1이다.

한 해 복권 총구입액이 3조 원 이상이라고 한다. 사람들이 행운을 잡기 위해 쓰는 금액이 3조 원이라는 뜻이다. 이 금액은 대한민국 최고 부자인 이재용 삼성전자 부회장의 자산인 12조 원에는 미치지 못한다. 이런 이재용 부회장마저도 세계 부자 순위 200위 안에 겨우 턱걸이하는 수준이다. 당신은 부자들이 로또를 구입할 것이라고 생각하는가. 철저하게 운이 모든 것을 지배하는데 말이다.

'행운의 2달러'가 있다. 우리가 흔히 보는 1달러가 아닌 2달러 지폐다. 1달러 지폐는 지불수단으로 유통되지만 2달러 지폐는 화폐로 쓰인다기보다 수집 대상에 가깝다. 2달러가 행운의 상징이 된 여러 가지 설 중에서 다음 내용이 가장 유명하다. 미국의 여배우 그레이스 켈리가 《상류사회(1957년)》라는 영화에서 프랭크 시내트라에게서 2달러를 선물받았다. 그 후 그레이스 켈리가 모나코 왕비가 되자 이 지폐가 행운을 가져다준다는 소문이 돌았다. 그러자 사람들이 서로 2달러를 선물하면서 행운의 2달러라는 이미지가 생겼다고 한다.

미국에서 많이 발행하지도 않았고 미국 독립 200주년 기념으로 발행했다. 특별한 때에만 발행하여 희소성이 있다 보니 더욱 인기를 끌었다. 기업에서도 마케팅으로 선착순 100명에게 2달러 지폐를 선물하는 행사를 하기도 한다. 나 역시도 2달러를 선물 받아 고이고이 간직하고 있다. 부적과 별 차이가 없지만 받으면 기분이 좋다.

'네 잎 클로버'는 행운의 상징으로 통한다. 원래 클로버는 세 잎이다. 돌연변이라고 할 수 있는 네 잎 클로버는 흔하지 않기에 행운을 의미한다. 그러나 흔하디흔한 세 잎 클로버의 꽃말은 '행복'이다. 행운을 찾고자 노력하면서 쉽게 얻을 수 있는 행복은 거들떠보지 않는 우리의 자화상이 아닌가 싶다.

지금까지 사람들이 갖고 싶어 하는 행운에 대해 이야기했는데 부자들은 행운에 대해 어떻게 생각할까? 행운은 믿지도 않고 쳐다보지도 않을까? 철저하게 자신의 노력과 땀만이 모든 것을 결정하고 성과를 낸다고 믿을까? 행운은 자신이 제어할 수 없는 영역이라고 무시할까?

부자들이 행운을 믿지 않는다는 말은 일견 맞지만 정확한 사실은 아니다. 부자들은 행운을 믿지 않는 것이 아니라 행운을 내 편으로 만든다. 부자들은 '진인사대천명(盡人事待天命)'이라는 말처럼 할 일을 다 하고 하늘의 뜻을 기다리고 있을까. 부자들은 결코 그렇게 생각하지 않는다.

대한민국 부자에 대한 거의 최초의 보고서 격인 《한국의 부자들》이라는 책이 있다. 책에서는 노력과 행운의 상관관계를 설명한다. 저자는 100명의 부자에게 설문조사를 했다. 운을 믿지 않는다는 사람은 단 한 명이었다. 다른 한 명은 운이 70% 이상이라 대답했다. 설문에 응한 대다수 부자는 성공에 운이 50% 정도 차지한다고 대답했다. 이는 부자들이 운을 무시하지 않는다는 뜻이다.

아무리 노력해도 뜻대로 되지 않는 사람들이 있다. 이들은 지독히도 운이 없다고 이야기한다. 하지만 그들은 운이 없는 게 아니다. 주변 사항과 제반 사항을 제대로 살피지 못한 결과다. 즉 사회의 변화, 문화의 변화 등을 몰라서 실패한 경우가 대다수이다.

1990년대 후반에 도서대여점이 우후죽순으로 생길 때 필자의 친구도 도서대여점을 창업했다. 그야말로 대박이 났다. 겨우 20대 후반에 시작한 자영업이었다. 친구는 당시 돈으로 최소 월 5백만 원을 벌었다. 그후 몇 년이 지나 책 읽기를 좋아하는 나도 도서 대여점을 창업했다. 결과는 실패였다. 내가 창업할 때 친구는 이미 도서대여점을 다른 사람에게 권리금까지 받고 팔았다. 내가 창업할 때는 도서 대여점이 점점 망해가는 시기였다. 나는 사전 조사도 없이 그저 편하게 앉아서 책만 읽어도 돈을 벌 수 있다는 순진한 생각으로 시작했다. 권리금은커녕 책값도 제대로 받지 못하고 떨이로 처리해야 했다.

도서대여점이 끝물인 시점에 시작해놓고 운이 지지리도 없다고 한탄하는 게 맞을까? 세상이 내 노력을 몰라준다고 하소연하면 누가 들어줄까? 도서대여점의 변화를 사전 조사도 하지 않은 내 잘못이다. 도서 대여점에서 인터넷으로 시장이 넘어간 점을 알지도 깨닫지도 못한 내 잘못이 컸다. 그렇다면 내 친구는 엄청난 행운의 주인공이었을까. 그렇지 않다. 친구는 창업 전에 충분히 사전 조사를 하고 고등학생들의 통학로에 있는 가게를 인수했었다. 이후 도서대여점 시장이 죽어간다는 것을 느끼자 깨끗하게 팔고 나온 것이다.

부자들은 우리가 알 수 없을 정도로 엄청나게 노력한다. 그렇다고 땀은 배신하지 않는다고 믿지 말라. 땀도 배신한다. 아무리 최선의 노력을 다해도 망할 수밖에 없는 상황에서는 망한다. 운도 내 편으로 만들려는 노력이 필요하다. 아니, 운이 내 편이라 믿는다. 내가 하는 일은 무엇이든지 잘 된다는 믿음으로 일해야 한다.

이상하게도 자신이 하는 일마다 운이 좋다고 말하는 부자를 많이 만난다. 그들이 그런 말을 하는 것은 자기 최면이다. 운이 좋다고 스스로 최면을 걸고 하는 일이 잘 풀릴 것이라 믿는다. 일이 잘 풀리지 않아 막힐 때도 있고 어려움이 올 때도 분명히 있을 것이다. 이럴 때 좌절하고 실망하는 것이 아니라 '나는 운이 좋은 놈이야'라는 믿음으로 해낸다.

"하늘은 스스로 돕는 자를 돕는다." 이 말은 행운에 대한 이야기다. 행운은 그냥 찾아오지 않는다. 노력하여 행운을 내 것으로 만들어야 한다. 혹시 "나는 운이 없다"고 자조 섞인 푸념을 하는가? 그래서는 안 된다. "나는 운이 좋다"라고 외쳐야 한다. 로또마저도 당첨되려면 꾸준히 구입하는 노력이 필요하다. 로또 당첨이 노력의 산물이라고 하면 억지일까? 노력하는 자에게 운이 찾아오는 것이다.

행운이 자신의 편이라고 믿는 건 자신감의 표현이다. 자신감이 없다면 그런 말을 하지 못한다. 운이 없다고 생각한다면 당신은 자신감이 없는 것이다. 자신감으로 무장하고 일해도 힘든데 자신감이 없는 사람에게 운은 따라오지 않는다. 자신 있게 일해라. 부자들이 지금까지 성공한 비결이다. 행운은 자신 있게 행동하는 당신에게 운명처럼 찾아오는 당연한 결과이다.

세운 목표는 달성한다

야구에서 홈런은 관객을 즐겁게 한다. 전통적으로 홈런을 잘 치는 선수는 높은 연봉을 받았다. 스트라이크 아웃을 당해도 호쾌하게 방망이를 휘둘러 홈런이나 안타를 많이 때리면 훌륭한 선수이고 팀에 큰 도움이 되는 선수로 여겼다.

오클랜드 애슬레틱스의 빌리 빈 단장은 새로운 개념을 들고나왔다. 야구는 어떤 방법이든 살아서 나간 후에 홈으로 들어와 점수를 내면 된다는 것이다. 모든 팀이 고액 연봉으로 홈런 타자와 타율 높은 타자를 영입하던 시기에 그는 출루율에 집중했다. 안타를 때려 1루에 나가든지 볼넷으로 1루에 나가든지 중요한 건 1루에 진출하는 것이다. 1루 주자를 다시 홈으로 불러들이는 타자가 즐비하면 점수를 내서 이길 수 있다는 점에 주목했다. 그의 이론은 센세이션을 불러일으켰다.

당시 오클랜드 애슬레틱스는 좋은 성적을 내지 못했다. 빌리 빈 단장은 출루율이 높고 저평가된 선수를 영입하기 시작했다. 2002년 애슬레틱스는 무려 20연승을 거두며 다른 팀에게 두려움을 선사했다. 오클랜드 애슬레틱스는 꾸준히 플레이오프에 나가는 훌륭한 팀으로 변모했다.

선수 시절에 홈런 타자였던 빌리 빈 단장은 자신이 경험했던 실패를 교훈 삼았다. 당시 스카우트들은 몸이 좋고 호쾌하게 방망이를 휘두르는 선수는 결국 좋은 성적을 낼 것이라고 믿었다. 빌리 빈 단장은 스카우트의 감에 의해 메이저리그에 입성했지만 초라한 성적으로 실패했었다. 그 경험을 반면교사로 삼아 야구의 본질에 집중해서 이뤄낸 성공이었다. 이후 메이저리그는 빌리 빈 단장의 개념을 받아들였다. 홈런과 타율도 중시하지만 출루율이 높은 타자를 더 중요하게 여기고 있다. 2014년에 FA(Free Agent)로 텍사스와 7년 1억 3,000만 달러에 계약한 추신수의 사례를 통해 변화된 모습을 볼 수 있다.

결국 출루율은 일관성에 대한 이야기다. 홈런이나 안타는 기복을 탈 수밖에 없다. 어떻게 하든지 1루에 출루하고 2루로 가서 홈까지 들어오는 선수를 보유한 팀은 편안하게 점수를 올려 승리할 가능성이 크다. 이를 발견한 빌리 빈 단장처럼 부자들은 자신이 세운 목표를 달성하는 방법을 먼저 따져보고 고려한다.

목표를 세우고 노력한다고 하여 꼭 성공하는 건 아니다. 누구나 목표를 세우고 노력해서 성공한다면 이 세상은 성공한 사람으로 가득해야 한다. 하지만 성공한 사람으로 가득하지 않은 이유가 있을 것이다. 당신이 세운 목표가 무엇이든지 그 목표를 달성하기 위한 기본적인 요소와 방법을 고민하여 문제를 해결하는 것이 중요하다.

힘들고 어려울 때 좌절하고 포기하는 건 누구나 한다. 자신이 세운 목표를 달성하기 위해 포기하지 않고 일관성 있게 노력하는 것이 중요하다. 야구에서 3할의 타율을 10년 동안 유지한 선수가 현재 슬럼프로 20타석 1안타일지라도 시즌 후반으로 가면서 신기하게도 3할 타율을 유지하는 것과 같다.

이러한 일관성은 자신뿐만 아니라 주변 사람들에게도 영향을 미친다. 어떤 상황에서도 일관성 있는 행동을 보여준 사람에게는 믿음이라는 것이 생긴다. 현재 좋지 못한 상황에 있더라도 지금까지 그가 보여준 일관성이 그를 믿게 만든다. 부자들이 일희일비(一喜一悲)하지 않고 소탐대실(小貪大失)하지 않는 이유다.

일관성은 통제 불가능한 상황을 예방하고 예측 가능한 상황으로 만들어 준다. 자신이 세운 목표를 향해 달려 나갈 때 상황이 좋을 때도 있고 나쁠 때도 있다. 그러나 일관성 있게 추진하고 실행하면 평균회귀의 법칙에 따라 평균율이 나오게 된다. 좋을 때나 나쁠 때나 평균율에 따른 데이터를 근거로 대처할 수 있게 되는 것이다.

당신이 다른 사람에게 일을 맡기거나 함께 일을 추진하려고 한다. 실적이 들쭉날쭉하고 평균조차도 헤아릴 수 없는 사람이 있고, 어려울 때나 좋을 때나 실적에 대한 평균적인 통계를 보여주는 사람이 있다. 어떤 사람과 함께 일하고 싶겠는가? 말할 것도 없이 평균적으로 예측 가능한 사람이다. 그래야 성공할 확률, 부자가 될 확률이 높기 때문이다.

당신이 투자하려는 대상에서 가장 중요하게 볼 지표는 일관성이다. 일관성 있는 매출을 보이고 있는지, 이익이 널뛰지 않고 일정하게 꾸준히 오르고 있는지 따져야 한다. 일관성 있게 추세가 좋아지고 있는지 파악한다면 투자 결정에 큰 참고가 되고 실패 확률을 줄여준다.

당장 눈앞에 보이는 수익에 현혹되거나 손해에 낙담하면 안 된다. 일시적인 환호와 실망은 무시하고 전체를 관통하는 추세를 지켜봐야 한다. 일관성이 어떤 방향으로 향하고 있는지 잘 관찰하면 당신의 목표와 성공 가능성을 현실적으로 가늠할 수 있을 것이다.

목표를 설정하고 목표 달성을 위한 여러 요인을 살펴볼 때는 일관성을 유지하면서 다양한 '상관관계'와 '인과관계'를 따져봐야 한다. A가 증가할 때 B도 증가한다면 양의 상관관계이다. A는 증가하는데 B가 감소한다면 음의 상관관계이다. 만약 A로 인해 B가 증가하거나 감소한다면 인과관계에 있는 것이다.

선택에는 결과가 따라온다. 선택으로 생긴 결과가 인과관계인지 상관관계인지 파악하는 건 중요하다. 향후 비슷한 상황이 발생했을 때 실수를 반복하지 않게 만들고, 성공을 지속시켜주는 힘을 발휘하기 때문이다. 감으로 결정한 선택의 결과는 좋을 수도 있고 나쁠 수도 있다. 그러나 감에 의한 성공은 지속되지 않는다.

누구도 계속 성공하거나 계속 실패하지는 않는다. 누구나 성공하거나 실패할 수 있다. 성공은 늘리고 실패는 줄여야 한다. 일회적인 성공이 아닌 지속적인 성공을 하려면 어떻게 해야 할까? 다양한 변수와 데이터를 분석하고, 상관관계와 인과관계에 따른 통계를 해석하여, 추세가 일관성이 있는지 파악하고 이를 적용해야 한다.

주먹구구식으로 노력해서 부자가 되는 시기는 지났다. 지금은 고도성장기 때처럼 별다른 노력 없이 운에 편승한 부자가 나오는 시절이 아니다. 명확한 목표를 세우고 그 목표를 향해 도전하는 사람만이 부자가 될 수 있다. 목표를 달성하려면 당신이 무엇을 하든 일관성을 갖고 해야 한다. 일관성을 유지하려면 선택에 따른 결과 데이터를 근거로 통계를 내고, 상관관계와 인과관계를 파악하여 좋을 때나 나쁠 때나 평균을 유지하도록 노력하면서 현실을 직시해야 한다.

숫자에 속지 않는다

기상캐스터가 다음과 같이 예보했다. "이번 주 토요일에 비가 올 확률은 50%이고 일요일에 비가 올 확률도 50%입니다. 따라서 주말에 비가 올 확률은 100%입니다." 이 말을 듣고 당신은 분명히 잘못되었다고 느끼고 웃을 것이다. 토요일에 비가 올 확률과 일요일에 비가 올 확률을 합쳐 주말에 비가 올 확률이 100%라는 논리는 맞지 않기 때문이다.

9.11 테러로 많은 승객이 죽는 장면을 목격한 미국인들은 비행기를 타고 가야 하는 거리마저도 자동차를 이용했다. 9.11 이후 도로 사용량이 크게 증가하여 12개월 동안 무려 1,600명이 자동차 사고로 목숨을 잃었다. 9.11 때 테러리스트에게 납치당한 비행기 승객은 256명이다. 비행기 테러 위험을 피하려다 더 많은 사람이 목숨을 잃었다.

신종플루가 전 세계적으로 유행한 적이 있다. 우리나라에도 신종플루가 상륙했고 WHO(세계보건기구) 전문가들은 전 세계에서 최대 20억 명이 감염될 것으로 추산했다. 우리나라도 신종플루 감염이 무서워 치료제 타미플루를 구하려고 난리였다. 당시 타미플루가 신종플루를 예방하거나 완치한다는 자료는 없었다. 타미플루를 사재기했던 각국 정부는 나중에 폐기 처분했다. 밝혀진 바에 의하면 WHO 전문가들이 타미플루 제조사와 결탁했다고 한다. 신종플루 사망자 수는 감기 사망자 수보다 적다는 결과도 나왔다.

평일 낮이면 TV에서 보험 광고가 많이 나온다. 그중에서 이런 광고가 있었다. "한국인 3명 중 2명은 암으로 사망합니다."라는 문구와 함께 공인된 협회에서 발표했다는 공신력까지 덧붙인다. 여기서 생략된 부분은 이렇다. 한국의 사망자 중 대다수는 노인이다. 현재 한국인 평균 수명을 대략 80세로 볼 때 사망자 대다수인 노인은 병으로 사망한다. 그것도 대부분 암으로 사망한다. 20대에서 60대의 연령대가 암으로 사망할 확률은 상대적으로 낮다.

제시된 숫자를 보고 즉각 이상하다고 생각했다면 현명한 사람이다. 그러나 많은 사람들은 제시된 숫자가 편집된 정보라는 것도 모른 채 믿고 있을 것이다. 우리가 보는 숫자는 사실이 아닐 수도 있고, 과장된 표현일 수도 있고, 중요한 내용이 빠진 의도된 숫자일 수도 있다.

현대는 숫자의 과잉 시대이다. 개인의 이름을 몰라도 주민등록번호라는 숫자로 표현할 수 있다. 문제는 사람들이 숫자를 철석같이 믿는다는 것이다. 우리가 보는 숫자는 진실이고 거짓말이 포함되지 않았다고 믿는다. 입으로 하는 말이나 글은 거짓이 포함되어 있다고 의심해도, 숫자는 공정하고 거짓이 포함될 수 없다고 믿고 의심조차 하지 않는다.

어느 날 한 통의 편지를 받았다. 다음 달 주가에 대한 예측이었다. 보자마자 즉시 휴지통에 넣었다. 다음 달에도 똑같은 편지가 왔다. 마찬가지로 다음 달 주가에 대한 예측이었다. 이번에는 호기심에 버리지 않고 결과를 확인했다. 주가는 편지의 예측대로 움직였다.

다음 달에 온 편지도 마찬가지였다. 이제 더 이상 의심하지 않았다. 이토록 대단한 사람이라면 무조건 내 돈을 불려줄 것이라 믿고 직접 만나 상담하고 돈을 맡겼다. 그 후에 사기당한 것을 알게 되었다. 우연히 술자리에서 친구와 만나 이야기를 나누니 친구도 그런 편지를 받은 적이 있다고 한다. 그런데 친구는 사기를 당하지 않았다. 어떻게 된 일인지 자세히 밝혀보니 이러했다.

무작위로 10,000명에게 편지를 보낸다. 5,000명에게는 주가가 오른다는 편지를, 5,000명에게는 떨어진다는 편지를 보낸다. 5,000명은 주가 예측이 틀렸으니 무시하지만 다른 5,000명은 예측이 맞았다고 기억한다. 이번에는 5,000명 중 2,500명에게는 오른다는 편지를, 2,500명에게는 떨어진다는 편지를 보낸다. 또다시 2,500명은 예측대로 움직인 주가에 마음이 흔들린다.

같은 방법으로 2,500명에게 똑같은 편지를 보내면 1,250명으로 줄고, 다시 625명까지 줄어든다. 이들에게는 무려 4번 연속으로 주가지수에 대한 예측이 맞았다. 더 이상 참지 못한 몇몇 사람이 연락한다. 이것만으로도 충분하다. 친구가 받은 편지는 진작 예측이 틀렸었다. 사기당한 사람은 4번 연속으로 맞혔다는 숫자에 속아 넘어간 것이다.

나에게 온 편지에 거짓은 단 하나도 없었다. 100% 진실이었다. 이런 일이 비일비재하다. 지금도 당신이 확신하고 있는 것에 숫자가 결부되어 있으면 무조건 믿는가? 사람들은 상대방을 설득하려고 많은 숫자를 제시한다. 숫자로 공신력을 보여주면서 거짓 없는 진실이라 믿게 만든다. 신문 기자는 기사의 공신력을 증명하기 위해 숫자를 제시한다. 권위 있는 전문가가 나와 자신의 주장을 입증하기 위해 숫자를 제시하면 사람들은 전문가의 주장을 의심하지 않는다.

확률, 통계, 수익률, 나이, 주민등록번호 등등 이 세상은 숫자로 구성되어 있다고 해도 과언이 아니다. 우리가 매일같이 활용하는 인터넷도 그 안에 숨은 알고리즘은 전부 숫자로 이뤄졌다. 과거에는 '직감'과 '통밥'이라는 비과학적인 요소로 판단하고 결정했지만 이제는 확실한 숫자로 모든 것이 표시되고 결정된다. 한편 일반적인 생각과 달리 직감은 한 개인이 가진 경험의 총집합이라 오히려 잘못된 것에 현혹되지 않는다는 연구 결과도 있다.

A라는 기업의 주가가 10,000원에서 9,000원으로 떨어졌다. 숫자가 변했다. 매출과 영업이익 등은 변한 게 없다. 사람들은 1,000원 떨어진 숫자에 반응하여 주식을 팔아버린다. B라는 기업의 주가는 10,000원에서 11,000원으로 올랐다. 마찬가지로 변한 게 없는데 사람들이 주식을 산다. 현재 당신이 보는 주가라는 숫자에 속으면 안 된다.

아침에는 도토리 3개를 주고 저녁에는 도토리 4개를 준다고 하자 화를 내는 원숭이들에게, 아침에는 도토리 4개를 주고 저녁에는 도토리 3개를 준다고 했다. 그러자 원숭이들이 만족했다는 고사성어 '조삼모사(朝三暮四)'를 생각해 보자. 결국 받는 도토리는 7개이지만 원숭이들은 먼저 제시되는 4라는 더 큰 숫자에 만족하고 흡족해한다. 평소의 우리 모습이 보인다고 해도 과언이 아니다. 그런 바보 같은 짓은 하지 않을 것이라고 자신하는가?

숫자에 속지 말아야 한다. 숫자는 절대로 거짓말하지 않는다고 믿지도 말아야 한다. 숫자 자체가 당신을 속이지는 않는다. 숫자를 제시하는 사람이나 기관이 당신을 속이는 것이다. 아주 살짝만 비틀고 변경해도 숫자의 의미는 달라진다. 그 안에 숨겨져 있는 진실을 속일 수 있다. 이 것이 바로 숫자의 마법이다.

당신을 속이고 이용하려는 사람들은 당신에게 확실하고 정확한 숫자를 제시할 것이다. 의심할 여지 없이 숫자는 당신을 사로잡고 절대적인 믿음을 줄 것이다. 하지만 숫자는 숫자일 뿐이다. 이면에 숨어있는 속뜻을 살펴보고 숫자 너머에 있는 본심을 파악해야 한다. 거짓으로 위장한 숫자에 속지 마라!

미국에서 일하기 좋은 100대 기업에 포함되고 2만 명이나 되는 직원을 거느린 엔론은 미국 역사상 가장 큰 회계 부정으로 망했다. 누구도 그토록 큰 회사가 숫자를 속일 것으로 의심하지 못했다. 엔론을 믿고 투자한 투자자들도, 사원들도 전부 가공된 숫자에 속아 주식을 매수했다. 주가는 하늘 높은 줄 모르고 올랐지만 결국 모든 것이 밝혀졌다. 회장은 감옥에 가고 엔론을 담당했던 회계법인은 문을 닫고 말았다.

숫자에 속지 말아야 한다. 냉정하게 숫자에 현혹되지 말고 숫자 뒤에 숨어있는 진실을 파악하려고 노력하라!

군중심리에 당하지 않는다

  강남역 강남대로에서 횡단보도를 건너던 한 사람이 갑자기 손가락으로 하늘을 가리키며 멈췄다. 누구도 이 사람의 행동에 주의를 기울이지 않고 무시하며 갈 길을 재촉했다. 다시 파란불이 켜졌다. 이번에는 세 명의 사람이 동시에 아무 말 없이 손가락으로 하늘을 가리켰다. 지나가던 사람들이 발걸음을 멈추고 세 명이 가리키는 지점으로 고개를 돌렸다. 손가락이 가리키는 곳에는 아무것도 없었다.

  교실에 학생들을 모아놓고 간단한 실험을 했다. 실험 대상자인 학생은 이 사실을 모른 채 진행되었다. 교단에 있는 사람이 빨간색을 보여주며 무슨 색인지 맞혀보라고 했다. 실험 대상자는 자신 있게 빨간색이라고 했다. 그런데 다른 학생들은 모두 주황색이라고 했다. 잠시 후 이번에는 두 개의 선을 보여주며 어느 선이 더 긴지 물었다. 실험 대상자인 학생을 제외한 전원이 다른 선을 가리켰다. 마지막으로 육각형을 보여주었다. 모든 학생이 오각형이라고 했다. 실험 대상자인 학생은 주변의 의견에 동조하여 육각형을 오각형이라 인정하면서 당황한다.

위 실험은 EBS에서 방영한《인간의 두 얼굴》에서 설정한 것이다. 실험 대상자 대부분은 다수의 시선에 따라 특정 지점을 쳐다보고 특정 의견에 수긍했다. 한 명이 볼 때는 아무도 관심이 없던 행동이 다수가 되자 의미를 갖게 되었다. 자신이 옳다고 판단한 결정마저도 다수가 내린 결정에 이의를 달지 못하고 동조하고야 말았다.

루이 15세가 프랑스를 통치하던 때였다. 존 로(John Law, 1671~1729)는 당시 통용되던 귀금속 화폐를 종이 화폐로 바꾸자고 주장한다. 종이 화폐는 연금술사들이 그토록 꿈꿔오던 돌을 금으로 만드는 마법이라 할 수 있었다. 재정적자 때문에 두 번의 파산을 겪었던 프랑스는 종이 화폐로 부채를 점점 줄일 수 있었다.

존 로는 식민지로부터 이득을 취하고 있던 동인도회사를 인수하여 미시시피 주식회사로 변경했다. 그는 이곳을 통해 프랑스 국가부채를 주식으로 전환했다. 프랑스는 이 주식이 오르면 부채를 줄일 수 있었다. 존 로는 미시시피 주식회사의 주식을 대량으로 발행하면서 회사 이익을 조작했다. 투자자들이 몰려들자 주가는 오르기 시작했다.

또한 미시시피 주식회사는 주식 보유자에게 주식을 담보로 돈을 빌려주고 그 돈으로 다시 주식을 사게 했다. 주가는 하늘 높은 줄 모르고 치솟아 광기로 돌변하기 시작했다. 누구도 미시시피 주식회사의 주가가 떨어질 것으로 의심하지 않았다.

점차 사람들은 오를 대로 오른 주가를 의심하기 시작했다. 종이 화폐를 다시 귀금속 화폐로 바꾸고 싶어도 바꿀 수 없다는 사실도 알게 되었다. 그러자 모든 사람이 미시시피 주식을 팔려고 난리가 났다. 결국 미시시피 주식을 구입한 모든 사람이 파산했다.

이 부채는 고스란히 프랑스의 짐이 되어 국민의 삶이 피폐해졌다. 이는 결국 프랑스 혁명을 이끌어냈다. 이것이 유명한 미시시피 버블의 전말이다. 만유인력의 법칙을 발견한 뉴턴도 초기에는 미시시피 주식으로 돈을 벌었지만 대중의 부화뇌동에 동참하여 모든 돈을 잃었다. 뉴턴은 "나는 천체의 움직임은 추측할 수 있어도 인간의 광기는 도저히 추측할 수 없다."라고 말했다. 똑똑한 뉴턴마저도 군중심리에서 자유롭지 못한 평범한 인간이었다.

2008년 금융위기 때 미국은 부채로 모래성을 쌓은 사람이 태반이었다. 주택 가격의 90%~100%까지 대출을 받아 주택을 구입하였다. 주택 가격이 오르자 다시 오른 가격만큼 추가로 대출받을 수 있었다. 사람들은 자신의 실제 수입과 상관없이 부가 늘어났다는 착시에 빠졌다. 중산층뿐만 아니라 이자도 제대로 감당하지 못하는 계층에게도 전염성 탐욕이 번졌다. 주택 가격이 오르는 추세가 끝까지 갈 것이라 믿었다. 결국 거품이 터졌다. 사람들은 거리로 쫓겨났다. 이와 관련된 금융기관과 기업들도 망가지고 말았다. 우리는 광기를 두 눈으로 똑똑히 지켜보았다.

군중심리에서 자유로운 사람은 없다. 사람은 군중에 섞여 있을 때 편안함을 느낀다. 원시 시대의 인간은 자신보다 커다란 동물 앞에서 힘없는 존재였다. 생존하려면 혼자 다닐 수 없었다. 살아남기 위해 무리를 이뤘다. 우연히 만나는 짐승을 합심해서 물리쳐야 살아남을 수 있기 때문이다. 아무리 힘세고 용감한 사람이라도 혼자서 모든 짐승을 물리칠 수 없기에 무리를 지어 다녔다. 도구를 사용하기 전 인간은 기껏해야 돌을 던져 짐승을 쫓아내는 것이 고작일 뿐이었다.

원시시대부터 각인되어 유전된 DNA는 현대에도 여전히 막강한 영향력을 무의식에 미치고 있다. 어린이집에서부터 대학교에 이르기까지 단체 생활을 하고 회사에 다녀야만 제대로 된 사람 취급을 받는다. 혼자서 무엇을 한다는 건 많은 위험을 감수해야 하고 주변 사람들의 걱정마저 독차지해야 한다.

잘못되었을지라도 군중에 속하면 그 자체로 힘이 되어 마음이 편안해진다. 개인의 실수나 실패는 냉혹하게 평가받고 처벌받지만 군중이 저지른 실수나 실패는 국가 차원에서 도와주지 않을 수 없다. 이런 군중의 힘이 있기에 사람들은 될 수 있는 한 군중에 속하려고 한다.

부자는 남들이 가지 않는 길을 간다. 로버트 프로스트가 그의 시 《가지 않는 길》에서 남들이 가지 않는 길을 가야 한다고 표현했듯이 부자는 남들이 가는 길은 의식적으로 따라가지 않으려 한다. 남들보다 먼저 그 길을 갈지언정 남들이 가는 길을 뒤늦게 따라가지 않는다. 이것이 부자의 생존 요건이다. 절대로 남을 뒤쫓아서는 안 된다. 힘들고 어려워도 참고 극복해야 한다. 당연히 혼자 가는 길은 외롭고 고독한 여정이다.

금을 채굴하던 사람이 사망했다. 그가 간 곳은 베드로가 천국과 지옥을 결정하는 곳이었다. 그곳에는 금을 채굴하다 죽은 사람들이 모여 있었다. 사람들이 바글바글하자 채굴꾼이 큰소리로 외쳤다. "지옥에 금이 발견되었다!" 그 외침에 모든 채굴꾼이 득달같이 지옥으로 몰려갔다. 채굴꾼은 느긋이 베드로 앞에 섰다. 베드로는 그에게 천국으로 들어가라고 말했다. 그러자 채굴꾼은 나직이 말했다. "저렇게 많은 사람이 지옥으로 가는 것을 보면 지옥에 금이 있는 것이 확실해." 이 말과 함께 그는 지옥문으로 들어갔다.

이처럼 사람들은 그곳이 지옥이라도 다수가 가는 곳으로 가려 한다. 군중과 함께 있을 때 편안함과 안도감을 느끼면서 걱정이 사라진다. 잘못될 수도 있다는 염려는 주위 사람을 보며 무시한다. 혼자라면 잘못될 수 있어도 이 많은 사람이 잘못될 리는 없다고 위안 삼는다. 서로가 서로를 보며 의지하고 있다는 사실을 자신들은 모르고 있다.

다수의 군중이 가는 곳에 돈이 있고 기회가 있는 것은 사실이지만 그들을 좇아가서는 돈도 기회도 없다. 그들보다 먼저 가서 기다려야만 나에게 돈도 오고 기회도 온다. 남들보다 먼저 MS-DOS를 퍼뜨린 빌 게이츠. MP3를 음악 기계가 아닌 패션으로 만들어 우뚝 선 스티브 잡스, 핸드폰의 문자 대신 더 쉽고 편하게 채팅할 수 있게 진화시킨 카카오 김범수. 당일배송과 새벽 배송으로 인터넷 쇼핑을 평정한 총각네 야채가게 김범석. 이들은 군중과 함께 가지 않았다. 군중이 가려고 하는 곳을 먼저 선점해서 성공했다.

군중심리에 함몰되지 않도록 노력하라. 자신도 모르게 군중에 섞여 있을 때 편안함을 느낀다면 오히려 무언가 잘못 돌아가고 있다고 자각해야 한다. 군중과 함께 무언가에 동참할 때 안심하고 만족하면 안 된다. 그때가 가장 위험한 순간이다. 당신과 함께 있는 군중은 당신에게 기회와 돈을 주는 것이 아니라 안도감과 게으름을 줄 뿐이다.

주변 사람들이 모두 주황색이라고 말해도 내 눈에 빨간색으로 보이면 빨간색이라고 말해야 한다. 모든 사람이 특정한 곳을 쳐다보아도 내가 생각한 길이 아니라면 무시하고 자신의 길을 가야 한다. 모두가 확실하다고 말할 때가 빠져나올 때이다. 모두가 위험하다고 할 때가 거꾸로 진입 시점이다. 군중 속에 섞여 있지 말고 군중보다 반발만 앞서가라. 그게 힘들다면 몰려가는 군중에게 뭔가를 팔아라.

푼돈이 복리의 시작이다

상대성 이론으로 유명한 아인슈타인은 "인간의 가장 위대한 발명 중 하나는 복리다. 세상의 8번째 불가사의다."라는 말로 복리를 설명했다. 복리는 원금에 이자를 더해 돌려받는 것이다. 시간이 지날수록 이자에 이자가 붙어 기하급수적으로 돈이 불어난다. 대표적인 상품으로 사채(私債)가 있다. 사채가 무서운 이유는 원금이 아니라 이자 때문이다. 원금보다 이자가 더 큰 이유는 이자가 복리로 계산되기 때문이다. 이자가 원금을 초과해서 계속 늘어난다.

복리를 계산하는 방법으로 '72의 법칙'이 있다. 원금이 두 배가 되는 기간을 알고 싶으면 '72 / 복리수익률'을 하면 된다. 예를 들어 1억 원의 돈이 5%의 복리수익률로 두 배가 되는 기간을 구하려면 72를 5로 나누면 된다. 즉 72 / 5 = 14.4년이다. 기간을 단축하고 싶다면 복리수익률이 높은 곳에 투자해야 한다. 10% 복리수익률을 주는 상품에 투자하면 원금이 두 배가 되는 기간은 7.2년으로 줄어든다.

원금이 두 배가 되는 수익률을 알고 싶다면 '72 / 투자기간'으로 계산하면 된다. 예를 들어 1억 원으로 10년 만에 2억 원을 만들고 싶다면 72를 10으로 나누면 된다. 72 / 10 = 7.2%이다. 즉 7.2% 복리를 주는 상품에 투자하면 된다.

역사상 가장 바보 같은 거래 중 하나가 인디언이 단돈 24달러의 장신구와 구슬에 맨해튼을 팔아버린 것이라고 이야기한다. 피터 린치는 《월가의 영웅》 책에서 그렇지 않다고 단언한다. 1600년대 초에 24달러에 맨해튼을 판 인디언들이 그 돈으로 8% 복리 채권에 투자했다면 1990년 기준으로 1,000억 달러 정도인 맨해튼의 시가보다 훨씬 큰 30조 달러나 되는 어마어마한 돈이 되었을 것이라고 이야기한다. 1600년대 기준으로 24달러도 결코 적은 돈이 아니었지만 그 돈을 복리로 투자했다면 어마어마한 금액으로 불어난다.

부자들이 복리에서 가장 중요하게 여기는 개념은 바로 푼돈이다. 당장 눈앞에 보이는 푼돈은 당장 써도 티가 나지 않는다. 그러나 푼돈이 복리로 누적되어 눈덩이처럼 구르면 엄청나게 큰돈이 된다. 부자는 이것을 몸소 체험한 사람들이다. 세계 최고의 부자 중 한 명인 워런 버핏은 "100달러를 벌기보다 1달러를 아껴라."라고 말했다. 당장 내 수중에 있는 1달러는 내가 활용할 수 있는 돈이지만 100달러는 미지수이기 때문이다.

자극의 강도와 사람의 감각 사이에는 일정한 비례 관계가 있다는 '베버-페히너의 법칙'이 있다. 간단히 설명하면 이렇다. 어두운 방에 양초 10개가 켜져 있을 때 1개를 더 켜면 방이 더 환해졌다고 느낀다. 반면에 양초 100개가 켜져 있을 때는 양초 1개를 더 켜도 차이를 느끼지 못하는 것을 말한다.

대형마트에서 쇼핑하고 계산할 때 어김없이 모든 사람이 이구동성으로 생각보다 많이 구입했다고 이야기한다. 카트를 끌고 다니며 이것저것 넣어도 가득 찼다는 느낌이 들지 않는다. 꼭 필요하지 않아도 마트에서 이벤트 물건이나 1+1 제품에 혹해 카트에 담는다. 자기도 모르게 몇만 원을 넘어 몇십만 원까지 지출하는 일이 많다. 얼마 안 되는 푼돈이라 부담 없이 쓴 지출이 과소비로 이어지는 것이다.

신차를 구입할 때 발생하는 지출도 마찬가지다. 자동차를 새로 구입할 때는 돈의 개념이 상대적으로 변한다. 기본적으로 몇천만 원씩 지출하기 때문에 차량 옵션은 상대적으로 푼돈으로 보인다. 갑자기 배포가 커진 것이다. 그러나 신차를 구입하고 나중에 별도로 옵션을 추가할 때는 그렇지 않다. 따로 옵션을 구매할 때는 신차를 사며 지출했던 옵션 가격의 반도 되지 않을 것이다. 새로운 가격 저항선이 생겼기 때문이다.

세입자를 구할 때 세입자가 월세를 1~2만 원 깎아달라고 할 때가 있다. 얼핏 별것 아닐 수 있다. 특히 주택을 구입하면서 인테리어에 들어간 돈을 생각하면 단돈 만 원밖에 안 된다고 느낄 수 있다. 하지만 월세는 한 달 내고 끝나는 것이 아니다. 2년 계약이면 24개월이다. 총액은 24만 원에서 48만 원이나 된다. 한 달 월세보다 많은 금액이 되기도 한다. 만 원만 생각하면 푼돈으로 보이지만 1년이나 2년으로 계산하면 상당히 큰돈이다.

주택 구입할 때는 최소 몇억 원이나 되는 금액을 지출한다. 상대적으로 이자 몇십만 원은 적은 돈으로 느껴져서 무리한 대출을 받는 경우가 많다. 하지만 매월 내는 이자를 1년으로 따져보고 상환할 총액까지 계산하면 엄청나게 큰 금액이라는 사실을 종종 잊는다. 이런 식으로 얼마 되지 않아 보였던 이자가 쌓인다. 결국 이자를 갚지 못하고 부동산 경매로 넘어가는 경우가 생긴다. 특히 부동산 시장이 좋을 때 가격이 올라가는 추세를 보고 몇십만 원의 이자를 소홀히 여기면 안 된다. 금융위기가 터졌을 때 부동산 가격이 떨어지고 수입도 줄어들면서 이자를 감당하지 못하여 부동산 경매로 나오는 일이 많다.

부자들이 푼돈을 아끼고 절약이 몸에 밴 습관으로 살아가는 이유가 여기에 있다. 한두 푼을 아껴도 부자의 자산에는 아무런 영향을 미치지 못한다. 부자가 평소에도 푼돈을 허투루 쓰지 않는 것은 '베버-페히너 법칙'이다. 적은 돈부터 아끼지 않으면 사소하지만 중요한 돈을 놓칠 수 있다는 것을 알기 때문이다. 갑자기 벼락부자가 된 사람들이 얼마 못 가서 다시 제자리로 돌아가는 것도 이런 이유 때문이다.

가구의 새로운 관점을 제시한 이케아 회장 잉바르 캄프라드는 세계적인 부자지만 "1원을 아끼면 1원을 번 것과 같다."라고 말한다. 말만이 아니다. 여전히 34년 된 의자를 쓰고 16년 된 차를 몰고 다닌다. 할인쿠폰을 모아 쇼핑하고 대형할인점을 이용한다. 평소에 대중교통을 이용하는데 이마저도 무임승차용 경로우대 카드를 사용한다. 심지어 크리스마스 카드까지 재활용할 정도다.

가족의 전 재산을 합치면 실질적으로 세계 1위에 해당하는 부를 소유한 월마트의 샘 월튼은 "월마트가 낭비하는 1달러는 고객의 주머니에서 나온다. 고객을 위해 1달러를 절약할 때마다 우리는 경쟁에서 한 걸음 나아가게 된다."라고 말했다. 샘 월튼은 월마트 야구모자를 쓰고 구형 포드 픽업트럭을 몰고 다닌다. 그의 절약을 확인하기 위해 기자들이 1센트를 바닥에 흘려놓았다. 차를 타고 도착한 월튼은 차에서 내리자마자 1센트를 발견하고 허리를 굽혀 주웠을 정도였다.

세계 부자 순위에 드는 워런 버핏, 이케아의 잉바르 캄프라드, 월마트의 샘 월튼이 우리나라 돈으로 겨우 1,000원밖에 안 되는 1달러 푼돈을 아낀다. 단순히 절약 때문이 아니다. 적은 돈이든 큰돈이든 똑같은 개념으로 접근하지 않으면 1억이나 10억도 올바른 판단을 내리지 못한다는 것을 알기 때문이다.

당신 손에 있는 1,000원과 부자가 소유한 1달러는 똑같은 가치다. 똑같은 돈이지만 누구에게 조금이라도 더 소중할까? 부자에게는 하찮은 돈이고 나에게 더 소중한 돈이다. 그런데 푼돈을 대하는 자세는 정반대다. 우리는 푼돈을 하찮게 취급하고 부자들은 소중하게 취급한다. 혹시 이런 작은 차이가 부자가 되지 못한 결과를 가져온 것이 아닐까?

지금의 1,000원을 몇십 년 동안 굴리고 불리면 몇만 원을 넘어 몇억 원까지도 가능하다는 걸 부자들은 알고 있다. 이자에 이자가 붙어 늘어나는 복리나 베버-페히너 법칙은 몰라도 좋다. 남들과 달리 푼돈을 아끼려고 하는 당신은 이미 부자의 관점을 얻은 것이고, 부자가 되는 초입에 들어선 것이다.

제2부

변화를 두려워하지 말라

부자의 습관과 태도

작은 습관부터 시작하라

피뢰침을 발명하고 미국 건국의 기초를 세운 벤저민 프랭클린은 젊은 시절에 똑똑했지만 남을 비판하기 좋아했다. 그는 자신의 잘못된 행동을 깨닫고 근본적으로 고치기로 마음먹었다. "배부르도록 먹지 말라", "쓸데없는 말은 하지 마라", "결심한 것은 꼭 실행하라", "말과 행동이 일치하도록 해라" 등의 4가지 실천 계획을 만들었다. 절제, 침묵, 질서, 결단, 검약, 근면, 성실, 정의, 온건, 침착, 순결, 겸손이라는 13가지 덕목을 세워 지키려고 노력했다.

이러한 규칙을 삶 속에서 실천하겠다고 막연하게 다짐한 건 아니다. 일주일이나 한 달 동안 지킬 한 가지 덕목을 선정하고 실천하며 자신의 것으로 만들려고 노력했다. 후천적으로 만든 벤저민 프랭클린의 훌륭한 인격과 삶은 그가 스스로 지킨 덕목과 실천 덕분이다. 이것은 동기부여와 자기계발의 시초가 되었다. 특히 그의 자서전은 자기계발 서적의 원조라 할 수 있다. 습관이 될 때까지 연습하고 마음가짐을 다스린 행동이 벤저민 프랭클린을 만들었다.

아파트에서 가장 비싼 자동차가 제일 먼저 주차장에서 사라지고 가장 마지막에 주차한다고 한다. 비싼 차를 운전할 능력이 되는데도 열심히 살아간다는 뜻이다. CEO들은 새벽에 모이는 조찬모임이 많다. 가장 바쁜 삶을 사는 사람들이라 자기계발을 할 시간이 부족하기 때문이다. 가장 효율적인 시간인 새벽에 유명 저자의 강연이나 사회 트렌드에 대한 분석 등을 들으며 가볍게 식사한다.

인간은 누구나 게으름이 천성이다. 이를 극복하는 대표적인 행동으로 '새벽형 인간'이 있다. '미라클 모닝'이 성공한 사람의 필수요소로 보이지만 각자의 성향에 따라 '야간형 인간'이 될 수도 있다. 성공한 사람 중에 야간형 인간보다 새벽형 인간이 많을 뿐이다. 새벽에 일찍 일어나 하루를 시작하면 근면 성실해 보인다. 하루를 보다 길게 활용할 수 있다는 장점도 있다.

내가 20대 때는 새벽 3시 정도에 자고 오전 10시 정도에 일어났다. 30대 때 회사에 다니면서부터 아침 7시까지 출근했다. 10년 넘게 야간형 인간으로 살다 보니 적응에 어려움을 겪었지만 결국 새벽형 인간으로 변신했다. 그러기 위해서는 딱 하나만 지키면 됐다. 밤 11시에서 12시 사이에 잠을 자면 된다. 더도 말고 덜도 말고 잠자는 시간을 앞당긴 습관만으로 바꿀 수 있었다.

푼돈을 아낀다는 이야기도 결국 습관의 중요성을 강조한 것이다. 작은 것도 아끼지 못하는 습관은 소탐대실의 원인이다. '깨진 유리창 법칙'이라는 것이 있다. 유리창이 깨진 것을 오래도록 방치하면 사람들은 주변 유리창마저 전부 깨져도 상관없다고 인식한다. 이를 방지하려면 새 유리창으로 바꿔야 한다. 사소한 것이 쌓이면 되돌릴 수 없게 된다. 습관은 작은 것부터 시작해야 한다.

'작심삼일'이라는 고사성어는 습관이 얼마나 바꾸기 힘든지 알려주는 말이다. 잘못된 습관을 고치려고 노력해도 삼일을 못 버티고 원래대로 돌아간다. 잘못된 습관은 죽을 만큼 노력해야 겨우 버릴 수 있다. 부자들은 이 점을 중요하게 생각한다. 잘못된 작은 습관도 바꾸지 못하는 사람은 믿을 수 없기 때문이다.

사회 지도층 인사 중 담배를 피우는 사람은 드물다. 그들이 처음부터 담배를 피우지 않은 건 아니다. 담배를 피우다가 자신에게 안 좋은 영향을 미친다는 것을 깨닫고 스스로 끊은 것이다. 그런 이유로 담배를 끊지 못하는 사람은 자기 절제도 안 되는 사람으로 낙인 찍혀 특정 커뮤니티에서 받아들이지 않기도 한다. 그 정도 절제도 안 되는 사람과는 어떤 사업도 할 수 없다는 것이다.

"하루를 연습하지 않으면 내가 알고, 이틀을 연습하지 않으면 동료가 알고, 사흘을 연습하지 않으면 관객이 안다." 세계적인 바이올리니스트인 장영주를 비롯한 많은 대가들이 여러 번 반복해서 강조한 이야기다. 몇 년씩 공연 일정이 꽉 찬 장영주는 세계 투어를 다닌다. 없는 시간을 만들어 단 하루도 빼놓지 않고 연습한다. 연습을 안 하면 다른 사람보다 자신이 먼저 알기 때문이다. 우리는 어떤 태도로 자기 일에 임하고 있는가?

처음부터 부자인 사람이 어디 있었겠는가? 그들도 처음에는 우리와 똑같이 평범한 사람이었다. 그들이 다른 점은 스스로 끊임없이 개선하고 노력하여 성취했다는 것이다. 자본주의 사회에서 성공하면 부가 전리품처럼 따라온다.

그들은 분명히 무언가 다르다. 그들은 그토록 하기 싫어하는 걸 한다. 미루는 습관을 이겨낸다. 남들이 꺼리는 것을 해낸다. 일신우일신(日新又日新)은 날이 갈수록 새로워진다는 뜻인데 바로 벤저민 프랭클린이 한 행동이다. 사람들은 갑자기 무언가를 이루려고 노력하는 건 힘들다고 말한다. 이것의 실제 속내는 하지 않겠다는 뜻이다. 부자들도 처음부터 성공한 건 아니다. 차근차근 하나씩 밟고 올라 지금의 부를 이뤘다.

당신이 부자가 아닌 이유는 단순하다. 자신에 대한 개발(무엇을 만들기 위한 지식이나 재능에 대한)과 계발(잠재된 재능을 일깨우는)을 게을리했기 때문이다. 올바른 습관을 만들기보다는 잘못된 습관을 무의식적으로 반복한 결과다. 아주 작고 사소한 부분부터 바꾸려고 노력하는 것이 부자로 가는 지름길이다. 당신에게 꼭 필요한 것 딱 하나를 고르고 노력하여 변화를 이뤄내면 이제 첫걸음을 시작한 것이다.

실패가 두렵지 않다

기존 컴퓨터와 완전히 다른 특별함으로 세상에 나온 애플. 애플은 아이맥(iMac)과 아이팟(iPod)에 이어 아이폰으로 세계시장을 주도했다. 특별한 것 없다고 했던 아이패드까지 만드는 제품마다 획기적인 인기를 끌었다. 신제품이 나올 때마다 사람들이 줄 서서 구입할 정도로 열풍을 일으켰다. 그런 스티브 잡스도 늘 승승장구한 것은 아니다. 사람들에게 잘 알려지지 않았지만 실패한 제품도 다수 시장에 선보였다.

리사(Lisa), 애플3, NeXT, 20주년 기념 매킨토시(McIntosh) 같은 제품은 지금 아무도 기억하지 않는다. 아무도 제품명을 들어보지 못했을 정도로 초라하게 사라졌다. 그래픽 사용자 환경(GUI, Graphic User Interface)으로 만든 첫 제품인 리사는 당시 9,995달러나 되는 고가였다. 애플은 1년도 안 되어 저가형 제품을 만들었고 리사를 폐기했다. 하드웨어에 대한 신뢰 문제로 애플3는 IBM에 시장을 빼앗겼다. 잡스가 애플을 나와 만든 NeXT는 시대를 앞섰다는 평이었지만 고가여서 외면받았다. 애플 창립 20주년으로 만든 매킨토시는 전 세계적으로 겨우 12,000여 대를 팔았을 뿐이다.

스티브 잡스도 여러 번 실패했다. 하지만 스티브 잡스는 말한다. "반드시 감수해야 하는 것은 실패의 가능성이다. 깨지고 상처받는 것을 겁내선 안 된다. 실패를 두려워한다면 멀리 나아가지 못할 것이다." 이 말은 실패해도 된다는 뜻은 아니다. 실패를 감수해야 한다는 것이다. 실패하지 않으려고 시도도 안 하는 것만큼 바보는 없다.

에디슨은 전구를 발명하려고 수없는 실패를 거듭했다. 에디슨이 "나는 99번 실패한 것이 아니라 99가지 안 되는 방법을 알아낸 것이다."라고 말한 것은 유명하다. 남들이 실패라고 말하는 것은 중요하지 않다. 에디슨은 올바른 방법을 찾아내기 위한 과정이라 생각하며 계속 연구했다.

실패하지 않는 유일한 방법은 아무것도 하지 않는 것이다. 아무것도 하지 않으면 잃는 것이 없지만 얻는 것도 없다. 실패는 뭔가를 했다는 증표이자 도전의 역사이다. 시험을 쳐 봐야 자신의 실력이 객관적으로 판명된다. 시험을 쳐야 부족한 점을 깨닫고 공부하게 된다. 공부하고 연습해야 실력이 늘어난다. 실패하지 않는 사람은 부족한 점을 깨닫지 못한다.

투자로 큰 성공을 거둔 사람 중 한순간에 모든 것을 잃은 사람들이 있다. 이들의 공통점은 한 번도 실패를 경험해보지 않았다는 것이다. 모든 투자에 실패한 기록이 없다. 투자 액수와 투자 규모가 점점 커지며 자만감이 하늘 높은 줄 모르고 치솟는다. 그러다 보니 제대로 된 시야를 확보하지 못한다. 무조건 자신의 투자가 성공할 것이라 여긴다. 이런 사람은 투자에서 딱 한 번만 실패하면 헤어 나오지 못하는 늪에 빠진다. 그의 모든 성공 신화는 완전히 사라지고 실패자로 남는다.

작은 실패와 실수를 전화위복으로 삼아야 한다. 같은 실패와 실수를 반복하지 않으려 노력하여 성공한 사람도 많다. 한 사람의 이야기를 보자.

그는 가난하여 학교를 9개월밖에 다니지 못했다. 9세에 어머니가 사망하고 15세에 집을 잃고 길거리로 쫓겨났다. 23세에는 사업에 실패했다. 24세에 처음으로 주 의회 선거에 나갔지만 낙선했다. 25세에 파산하여 17년 동안 빚을 갚으려고 고생했다. 26세에 드디어 주 의회 의원 선거에 당선되었지만 약혼자가 갑작스럽게 사망했다. 28세에는 신경쇠약으로 입원했다. 30세에는 주 의회 의장직 선거에서 패배했다.

32세에 정부통령 선거위원에 출마했지만 패배했다. 35세에 하원의원 선거에서 낙선하고 36세에 하원의원 공천에서도 탈락했다. 절치부심하여 38세에 하원의원 선거에 당선되었지만 40세에 재선거는 낙선했다. 41세에 고향 국유지 관리인에 지원했지만 거절당했다. 47세에 다시 도전한 상원의원 선거도 낙선했다. 48세에 부통령 후보 지명전에서 100표 차로 낙선했다. 50세에 출마한 상원의원 선거도 낙선했다.

이렇게 실패에 실패를 거듭한 인물은 누구일까? 미국 역사상 가장 존경받고 위대한 대통령으로 추앙받는 링컨이다. 얼마나 실패가 반복되었던지 친한 친구들이 링컨 주변의 칼과 면도날을 치워버렸을 정도였다. 52세에 링컨은 미국 16대 대통령에 당선되고 재선에도 성공했다. 링컨은 재임 기간에 자신의 정치적 반대자들까지 포용하고 각료에 앉혔다. 거듭된 실패가 링컨을 위대한 대통령으로 만들었다.

지금까지 단 한 번의 실패도 경험하지 못한 사람에게 감탄하지 말고 거꾸로 불쌍한 눈빛으로 보자. 이게 무슨 말이냐며 놀라지 마라. 실패하지 않은 사람은 지금까지 단 한 번도 무언가를 얻기 위해 노력해 본 적이 없다는 뜻이다. 실패는 무언가를 시도하고 도전했다는 뜻이다. 실패는 감추고 숨겨야 하는 치부가 아니다. 오히려 당당하게 알리고 공유해야 하는 뜻깊은 결과다.

실패했기에 비슷한 환경과 상황에 당황하지 않고 침착하게 벗어날 수 있는 경험이라는 소중한 자산이 생긴다. 한 번 실패로 주눅 들고 움츠러든다면 성공은 내 것이 아니라 내 실패를 지켜본 사람의 것이 되고 만다. 실패는 누구나 할 수 있다. 아니, 실패는 당연하다. 실패하지 않는다고 말하는 사람이 이상하고 교만한 것이다.

실패는 언제든지 할 수 있다. 아무리 만반의 준비를 하고 노력해도 실패할 수 있다. 실패가 중요한 것이 아니라 그 후의 마음가짐과 행동이 더 중요하다. 실패를 값진 경험으로 쌓아야 한다. 머나먼 여정에서 발생하는 뼈 아픈 하나의 이벤트로 바라보면 된다. 실패가 중요한 게 아니다. 다시는 실패를 반복하지 않으려고 노력하는 것이 중요하다. 신이 아닌 이상 인간은 실패를 피할 수 없다.

실패를 극복한 사람은 과거보다 더 강인해진다. 실패한 경험이 또다시 실패를 반복하지 않도록 노력하게 만든다. 좀 더 꼼꼼하게 살펴보고 실패 가능성을 따져본다. 또한 다방면으로 세상과 사물을 바라볼 수 있게 해준다. 실패하지 않았으면 갖지 못했을 새로운 시야가 생기는 것이다.

성공한 사람이나 부자가 된 사람에게 물었을 때 단 한 번의 실패도 없이 이 자리까지 왔다는 사람은 없었다. 자신 있게 실패한 적이 없다고 이야기하는 사람은 실패해 본 적이 없는 게 아니다. 그는 사기꾼일 가능성이 농후하다. 크고 작은 실수와 실패가 쌓여 성공이라는 목표에 도달할 때 부를 이룰 수 있다. 그런 과정 없이 이뤄낸 성공과 부는 모래성이다. 갑자기 들이닥친 파도 한 번에 모래성은 흔적도 없이 사라진다.

진짜 실패자는 아무것도 시도하지 않고 노력하지 않은 사람이다. 다시 이야기하면 실패는 노력하고 도전했다는 증거다. 지는 게 두렵고 실패가 무서워 아무것도 하지 않는 사람이 진짜 실패자다. 아무도 알아주지 않는 사람으로 남으려면 아무것도 하지 않으면 된다. 당신이 실패했는지조차도 알 수 없다. 한 것이 없으니 알 방법도 없다.

재미있는 사실이 있다. 사람들은 실패에 관심이 없고 성공만 기억한다. 스티브 잡스의 실패한 제품은 아무도 기억하지 않는다. 성공한 아이폰만 기억한다. 수없이 많은 실패를 거듭한 링컨도 미국 역사상 흑인 노예를 해방한 위대한 대통령으로만 기억한다. 아무도 스티브 잡스와 링컨이 실패했다는 사실에 신경 쓰지 않는다.

성공하기 위한 여정에서 누구나 실패한다. 실패 후에 포기하고 도전을 멈춘 사람이 있고, 실패는 하나의 경험이라 여기며 극복한 사람도 있다. 둘은 바로 성공이라는 지점에서 차이를 보인다. 누구도 당신의 실패를 신경 쓰지 않는다. 실패와 실수도 없이 부자가 되었다고 생각하지 마라. 실패를 반면교사 삼아 성공한 사람이 바로 최종 승리자이다.

일단 행동한다

마산역에서 택시를 탄 손님이 기사에게 말한다. "육일약국 가주이소!" 택시 기사는 들어보지도 못한 약국을 가자는 말에 당황하며 "육일약국이요? 그게 어디 있는데요?"라고 묻는다. 손님은 직접 육일약국의 위치를 설명하며 기사를 육일약국으로 인도한다. 바로 이 사람이 육일약국의 약사 겸 사장이었던 김성오다.

마산 중심지가 아닌 곳에 있는 육일약국을 사람들에게 알리기 위해 김성오는 마산역에서 택시기사들에게 육일약국으로 가자고 외쳤다. 저절로 택시기사들은 육일약국을 약 처방 잘하고 유명한 곳으로 인식하게 되었다. 이 때문에 마산 사람들 사이에 육일약국 입소문이 돌았다. 택시기사를 통해 퍼진 입소문은 교통도 안 좋고 지방에 있는 육일약국을 약사만 13명이나 되는 기업형 약국으로 변모시켰다.

당시 육일약국은 광고할 돈도 없고 SNS를 활용한 마케팅도 할 수 없었다. 대부분의 약사들은 찾아오는 손님에게 친절하게 응대하는 소극적인 영업만 했다. 하지만 김성오는 자신이 할 수 있는 최선의 방법으로 육일약국을 알렸다. 이런 마케팅으로 김성오는 약사에 머물지 않고 능력을 키워 기업인이 되었다. 메가넥스트라는 교육 기업 대표이사를 거쳐 현재 메가스터디 부회장을 맡고 있다.

또 다른 사례도 있다. 대부분의 애널리스트에게 투자는 재무제표를 들여다보고 기업을 방문하는 것이다. 주식 담당자나 사장과 이야기를 나누고 분석하여 해당 기업에 대한 투자 결정을 돕는 것이 전부였다. 한 젊은이가 경제는 이렇게 재무제표를 보고 기업을 방문하여 이야기 나누는 것이 전부가 아니라고 판단했다. 젊은이는 실제 경제가 돌아가는 모습을 직접 확인하고 싶었다.

젊은이는 회사에서 받은 퇴직금과 살던 집을 판 돈을 종잣돈 삼아 세계를 돌아다니기로 했다. 우리 개념으로 보부상 활동을 했다. 영국 출신 젊은이는 아프리카, 아시아를 넘어 아메리카까지 돌아다녔다. 방문한 나라에서 살 만한 물건을 구입하였고, 다음에 방문할 국가에서 구입할 회사나 사람을 찾아서 만났다. 생판 모르는 현지인에게 물건을 팔면서 여러 나라를 돌아다녔다. 세계를 돌아다니면서 가끔 손해도 봤지만 결국 처음 시작할 때 자본의 두 배를 벌었다.

《나는 세계일주로 경제를 배웠다》의 저자인 코너 우드먼의 이야기다. 그는 애널리스트로 사무실에서 편하게 일하면서 어지간한 직장인보다 훨씬 많은 연봉을 받고 있었다. 과감히 회사를 박차고 나온 코너 우드먼은 강연 등으로 바쁜 시간을 보내고 있다. 애널리스트로 일할 때보다 훨씬 많은 수입은 물론이고 더 보람차고 재미있는 삶을 살고 있다.

사람들은 각양각색의 생각을 하며 살아간다. 각자의 꿈과 희망을 간직하고 살아간다. 미래에 대해 아무 생각도 하지 않는 사람은 없다. 문제는 생각만 하고 꿈만 꾼다는 것이다. 꿈을 이루기 위한 노력을 하지 않는다. 인생이란 다 그런 것이 아니냐며 합리화한다. 시도조차 하지 않으면서 지레짐작으로 안 될 거라고 판단한다.

움직이는 것과 가만히 있는 것. 둘 중 더 편한 것은 아무것도 하지 않고 가만히 있는 것이다. 가만히 있으면 실패할 이유가 없다. 그러나 행동하지 않으면 성공도 실패도 없을뿐더러 미래도 없다. 행동하지 않는 사람에게 돌아오는 건 남이 먹고 흘린 부스러기가 대부분이다. 그것도 아주 아주 고약한 냄새가 나는.

누구나 부자를 꿈꾼다. 꿈만 꾸는 사람과 실천하는 사람은 엄청난 차이가 난다. 힘들어도 실천한 사람만이 부자가 될 수 있다. 생각한 후에 움직여도 되고 움직인 후에 생각해도 된다. 움직이면서 생각하는 것도 좋다. 각자 성향에 따라 선택하면 된다. 무엇을 하든 좋다. 속도의 차이는 있지만 움직인 사람이 부자가 된다는 사실은 확실하다.

어떤 부자는 오래도록 생각한 후에 실천한다. 어떤 부자는 생각을 오래 하기보다는 일단 저지른 후에 차근차근 실수를 보완해 나간다. 각자 성향과 본성에 따라 맞는 방법이 있다. 실행 여부가 이론보다 앞설 수도 있고 나중일 수도 있다. 결국 자신이 생각한 바를 실천한다는 것이 부자의 다른 점이다. 실천이 꼭 몸을 움직여야 한다는 의미는 아니다. 하고자 하는 분야나 일의 성격에 따라 다르다.

아인슈타인은 역사상 가장 위대한 과학자라는 칭호를 듣는다. 그는 상대성 이론으로 시간 관념에 대한 새로운 개념을 제시했다. 시간은 절대적이지 않고 시간과 공간에 따라 달라진다는 의미다. 아인슈타인은 끊임없이 상상하고 공상하고 생각했다. 생각을 갈고 다듬은 후 자신의 이론을 세상에 발표했다. 좋은 이론을 만들기 위해 사람들을 만나러 돌아다니지 않았다. 이처럼 분야에 따라 '움직인다'는 의미는 다르다.

온라인 판매업을 하는 사람이 거래처를 만나고 물류창고를 물색하는 건 중요하지만, 그보다는 온라인으로 많은 사람을 유입시키려는 노력이 더 중요하다. 컴퓨터 앞에 앉아 유명 쇼핑몰을 조사하고 분석해서 가장 핫한 아이템이 무엇인지 찾아야 한다. 온라인 판매업에서는 이것이 열심히 움직이고 생각을 실행하고 행동하는 것이다.

무조건 몸을 움직이는 것만이 최고는 아니다. 자신이 생각한 바를 이루려면 실질적이고 현실적으로 움직여야 한다. 자신이 하고자 하는 분야에 대한 사전 조사도 없이 잘 알지도 못하는 상태에서 열심히 움직인다고 성공하는 건 아니다. 행동력이 뛰어나려면 충분히 검토하고 다방면으로 조사한 후에 실행해야 한다. 생각에 생각만 해도 안 되고, 힘들고 어렵다고 불평불만을 늘어놓아서도 안 된다. 생각한 바를 준비하고 실행하는 것. 이것이 부자와 일반인의 차이점이다.

세상에는 생각만으로 모든 것을 끝내는 사람이 너무 많다. 생각만 하지 말고 생각을 구체적으로 실행할 방법을 찾아야 한다. 부자들은 다양한 방법으로 행동했기에 부자가 되었다. 부자와 달리 나는 행동하지 않는다. 이 차이가 결정적이다.

당신이 좋아하는 게 돈이 된다

아침에 억지로 눈을 뜬다. 아침 식사는 거른다. 출근하는 사람들의 행렬에 동참해서 무표정한 얼굴로 전철을 타고 회사에 도착한다. 간단한 오전 회의가 끝난다. 어제 마무리하지 못한 업무와 오늘 지시받은 업무를 정신없이 한다. 점심시간이 되어 겨우 웃는 얼굴로 밥을 먹는다. 밥을 먹고 다시 모니터를 응시하며 퇴근을 기다린다. 퇴근 시간이 된다. 또다시 지하철을 타고 사람들에게 치이면서 집에 도착한다.

아침에 눈을 떴을 때 오늘은 어떤 일이 나에게 일어날지에 대해 아무런 기대 없이 하루를 시작한다. 다음 날 해야 할 일에 신나서 잠이 오지 않을 지경이라는 이야기는 직장 생활을 하며 한 번도 경험하지 못한 일이다. 그런 이야기는 분명히 거짓말이리고 믿는다. 질내로 그런 일은 없을 것이라고 생각한다.

직장 생활에 대한 기대감이 없는 사람도 해외여행을 갈 때는 전날부터 누가 시키지 않아도 부지런히 준비한다. 새벽에 누가 깨우지 않아도 눈이 번쩍 떠진다. 억지로 눈을 비비지도 않는다. 찌뿌둥한 몸을 추스르지도 않는다. 약간의 두려움도 있지만 여행하면서 어떤 일이 벌어질지 기대되고 설렌다. 집을 나서는 발걸음도 가볍다.

사람들은 대부분 즐겁게 일하지 않는다. 일은 돈을 벌기 위한 수단일 뿐이다. 일하는 것이 즐겁지 않으니 출근하는 시간은 괴롭다. 어서 빨리 주말이 오기만을 기다린다. 주말에 내가 원하는 일을 하는지는 중요하지 않다. 오로지 싫은 일을 하지 않아도 된다는 점이 중요하다. 그토록 하기 싫은 일을 하는데 안타깝게 제대로 된 월급도 받지 못하고 있다.

싫어하는 일을 하기 때문에 만족스러운 월급을 받지 못한다고 생각할 수도 있다. 좋아하는 일을 하는 사람은 돈을 많이 번다고 생각하지만 실제로 그렇지는 않다. 좋아하는 일을 하지만 제대로 벌지 못하는 사람이 실제로는 더 많다. 돈을 벌지 못해도 좋아하는 일을 끝까지 한 결과 결국 성공하여 큰돈을 번 사례만 사람들에게 알려졌기 때문이다.

나는 20대 때 연기자가 되기 위해 노력했다. 연기자가 되려고 연기 연습만 한 것은 아니다. 돈을 받는 프로 무대에도 섰다. 서울 중구 호암아트홀에서 뮤지컬 공연에 출연했다. 무대에서 코러스로 공연했는데 당시 1년 연봉은 100만 원 정도였다. 내가 좋아하는 연기를 하고 싶어서 오랫동안 열심히 노력했다. 그 일을 즐겼지만 내가 받은 돈은 1년에 달랑 100만 원이었다. 나만 그런 건 아니었다. 주변의 연기하는 다른 동료들도 마찬가지였다.

좋아하는 일을 하며 돈을 버는 것이 가장 행복한 일로 보인다. 그런데 취미로 시작한 일이 직업이 되었을 때 오히려 즐거움을 느끼지 못하는 경우도 많다. 좋아하는 일이 꼭 돈과 연결되지 않는 것이 진실이다. 자신이 즐거워하고 좋아하는 일을 하며 돈까지 번다면 이보다 신나는 일은 없다. 모두가 꿈꾸는 인생이다.

부자라고 하여 꼭 자신이 좋아하는 일만 하는 건 아니다. 부자는 좋아하는 일에서 돈을 벌 기회를 모색한다. 평소에도 돈에 대해 계속 생각한다. 자연스럽게 일반 사람보다 돈 냄새를 잘 맡는다. 자신이 좋아하는 일로 끝내지 않는다. 좋아하는 일을 돈으로 연결한다. 좋아하는 일을 수익화하려고 노력한다.

내 지인은 부동산 투자를 하며 열심히 노력한 결과 경제적 자유를 얻었다. 경제적 자유를 얻었다는 건 시간을 자유롭게 활용할 수 있다는 뜻이다. 그러나 그가 사람들을 만나는 건 평일 저녁이나 주말에만 가능하다. 그는 평일 낮에 취미생활을 시작했다. 오랫동안 마음속에 품고 있던 드럼을 배우기 시작했다.

처음에 스틱을 잡고 타이어를 두들길 때는 불편함이 없었다. 막상 본격적으로 드럼을 연주하려니 애로사항이 많았다. 무엇보다 시끄러운 드럼 소리가 문제였다. 시간을 내 드럼 연습실에 가서 연습해야만 했다. 때마침 지인 소유의 상가주택 지하에 공실이 났다. 그는 이곳을 활용하기로 마음먹고 대대적인 공사에 들어갔다. 예술적인 의미를 부여한 멋진 출입문을 만들었다. 내부는 드럼 연습을 비롯하여 다양한 문화공간으로 활용할 수 있게 꾸몄다.

드럼을 치고 싶을 때마다 마음껏 칠 수 있게 되었다. 이곳을 문화공간으로 대여해주기도 하는데 사람들이 줄 서서 예약할 정도이다. 음향

기기와 대화면 프로젝터 등을 설치하여 사람들이 다양한 목적으로 활용할 수 있다. 자신이 좋아하는 드럼을 좀 더 자유롭게 연습하기 위한 공간을 만들었을 뿐만 아니라 이를 돈으로 연결하여 수익 모델도 만들었다. 평일에 마음껏 드럼 연습을 하는 건 말할 것도 없다.

좋아하는 일만 하며 사는 것처럼 즐거운 삶은 없겠지만 그것은 경제적인 문제가 해결되었을 때나 가능하다. 아무리 좋아하는 일을 해도 경제적으로 어렵다면 즐겁지 않다. 좋아하는 일을 하더라도 경제적 문제를 극복하지 못하여 의지를 꺾는 일이 많다. 그렇기에 "좋아하는 일을 하려고 노력하기보다 자신이 하는 일을 좋아하라."는 말이 있다. 자신이 하는 일에서는 최소한 돈이 나오니 말이다.

대한민국은 창의력이 부족하다는 이야기를 많이 한다. 경직된 사회라는 의미이다. 대다수 사회 구성원들이 재미있는 삶을 추구하지 않는다. 하고 싶은 걸 그저 부럽게 바라보기만 하고, 하려는 노력은 하지 않기 때문이다. 김정운의 책 《노는 만큼 성공한다》에서 "즐겁지 않으면 성공한 것이 아니다."라고 주장한다. 왜일까? 누구도 알아주지 않는 성공은 성공이 아니기 때문이다.

돈은 많이 벌지만 늘 얼굴을 찌푸리고 하는 일마다 짜증 내는 사람을 성공했다고 부러워할 사람이 있을까? 아무도 없다. 이런 부자는 성공했지만 불행하다. 단지 돈만 벌려고 노력하는 건 불행하다. 좋아하는 일도 없고 남들에게 온갖 욕을 먹어가며 돈을 번다. 사람들의 손가락질은 깨닫지 못한다. 성공에 대한 성취감도 없다. 경제적 자유와 시간적 자유가 없는 돈의 노예가 되는 것이다.

신기하게도 부자들은 자신이 하는 일을 어떻게 하든 돈과 연결하려고 노력한다. 좋아서 하는 일이나 취미로 하는 일이라도 돈이 된다는 판단이 들면 달리 본다. 아이디어를 떠올리고 실행할 방법을 찾아낸다. 좋아하는 일을 더욱 재미있고 즐겁게 할 수 있는 이유다. 누가 시키지 않아도 자신이 좋아하는 일을 돈으로 연결하여 수익화한다.

좋아하는 취미나 즐겨하는 일이 있다면 그걸 어떻게 돈으로 연결할지 고민해 보라. 자본주의 사회에서는 어떤 것이든 전부 돈으로 연결할 수 있다. 좋아하는 일이나 즐기는 일을 돈으로 연결한다고 모두 돈이 된다는 보장은 없지만, 그중에서 하나 정도는 돈이 될 수도 있다. 뭐라도 좋으니 시도라도 해 보자. 좋아하는 일을 다른 시선으로 바라보면서 색다른 재미를 느낄 수 있다.

좋아하는 일을 하며 돈까지 벌 수 있다니. 이보다 더 신나고 재미있는 일이 있을까. 좋아하는 일을 하며 돈까지 번다면 진정으로 행복한 삶이 아닐까. 돈을 멀리서 찾으려 하지 말라. 나 자신에게서 찾을 수 있다. 지금 좋아서 하는 게 있는가. 할 때마다 신나는 게 있는가. 바로 거기서 출발하자. 이 정도의 시도라면 부담 없이 할 수 있지 않을까?

끝없이 변해야 산다

'다우존스 지수(Dow Jones Index)'는 미국을 대표하는 주가지수다. 1884년 미국의 투자분석가이자 월스트리트 저널 창시자인 다우 존스가 만들었다. 당시 활발하게 거래되었던 12개 종목을 선정하고 주가평균을 산출하여 만든 지수다. 지금은 우량한 30개 종목으로 구성되며 주가 수익률의 산술 평균을 사용하여 지수를 산출한다.

다우존스 지수가 출범한 이후 100년 동안 지수에 계속 포함된 기업은 단 하나도 없다. 초창기부터 지수에 포함되었던 유일한 기업인 GE(General Electric)마저도 2018년 지수에서 제외되었다. 그만큼 다우존스 지수에 계속 살아남는 건 어려운 일이다.

다우존스 초창기 기업 중에 현재 우리에게 친숙한 기업은 하나도 없다. 다우존스 지수에 편입된 기업의 평균 생존 기간은 29년 11개월이다. 현재 다우존스 지수에 포함된 기업 중 가장 오래된 기업은 1930년에 편입된 셰브론(Chevron) 정유회사, 1932년에 편입된 IBM, 코카콜라, 프록터&갬블(P&G)이다. 대부분은 1990년대 이후 편입되었다.

워크맨(WalkMan)으로 세계적인 선풍을 일으켰던 소니는 플레이스테이션 게임기를 개발하고 미국 컬럼비아 영화사를 인수하며 승승장구했다. 그러나 소니는 2011년 사상 최대인 5,200억 엔(당시 한화로 약 7.3조 원)의 손실을 냈다. 2014년에는 소니 상장 56년 만에 처음으로 배당을 하지 않았으며 PC 부문을 전부 매각했다. 가전제품의 대명사였던 소니에게 벌어진 일이다.

한때 세계 휴대폰 시장에서 40% 점유율을 보이며 2009년 세계 휴대폰 점유율 1위에 올랐던 노키아. 핀란드를 먹여 살린다는 소리를 듣던 노키아는 종이를 만드는 제지회사에서 출발하여 성공적으로 변신한 기업이다. 2011년까지 세계 점유율 1위였던 노키아는 스마트폰으로 변화하는 시장 흐름을 제대로 파악하지 못했다. 세계 1위라는 현실에 안주하여 삼성, 애플, LG에 점유율을 추월당하고 영업이익도 손실을 기록했다. 노키아는 끝내 휴대폰 사업 부문을 마이크로소프트에 넘기고 말았다.

거대한 모아이 석상이 존재하는 이스터섬에는 현재 아무도 살지 않는다. 평균 크기 3.5m, 최대 크기 20m의 거대한 모아이 석상이 섬 전체에 600개나 있다. 사람은 단 한 명도 발견되지 않아 미스터리로 남아 있던 이스터섬. 이는 외계인에 의해 발생했거나 자연 현상이 아닐까 추측했었다. 그러나 연구 결과 이스터섬에 살던 사람들에 의해 발생했다고 밝혀졌다.

상당히 발달한 문명이었지만 이스터섬의 모든 사람이 사라졌다. 이스터섬 주변에는 이들을 위협하는 국가나 민족이 없었다. 먹고살 걱정을 하지 않아도 될 정도로 풍족한 환경이었다. 특별히 할 일이 없던 지배 계급이 자신들의 업적을 치장하기 시작했다. 모아이 석상을 경쟁적으로 만들면서 섬의 자연환경을 파괴했다. 피지배 계급은 더 이상 참지 못하고 항거하며 전쟁이 일어났다. 그 결과 이스터섬에는 단 한 명도 남지 않고 인류 역사에서 완전히 사라졌다.

노르웨이령 그린란드에는 한때 사람들이 살았던 흔적인 교회와 주택이 여전히 남아 있다. 과거에 그곳에는 노르웨이 사람들이 정착하여 살았다. 목축도 하고 농사도 지었다. 아무도 살지 않는다는 게 도저히 이해되지 않을 정도로 좋은 환경이었다. 농사짓고 목축할 때는 좋았지만 기후가 변하면서 이들은 더 이상 버티지 못했다. 노르웨이에서 건너온 정착민은 토착 종족인 이누이트족의 사냥법이나 생활 방식을 받아들이지 않았기 때문이다. 변화된 환경에 아무런 대비도 적응도 하지 않아 굶어 죽는 사람이 속출했다. 이제 노르웨이령 그린란드에 사는 사람은 없다.

기업이든 민족이든 국가든 변화하지 않으면 생존할 수 없다. 화려한 업적을 자랑하는 기업도 변화하는 경제 환경과 사람들의 관심을 좇아가지 못하면 끝이다. 흐름에 뒤처지며 우왕좌왕하다 갈피를 못 잡고 사람들의 관심에서 멀어진다. 결국 사람들의 기억에서도 사라진다. 변화가 선택이 아닌 필수인 이유다.

부자가 되는 건 쉽지 않지만 부자가 된 후에 부를 유지하는 건 더욱 어렵다. 부를 유지하려면 끊임없이 변해야 한다. 과거와 비교도 되지 않을 정도로 세상의 발전 속도가 빨라졌다. 1년 전 일도 기억조차 가물가물한 경우가 많다. 1년 전에 유행했던 패션, 드라마, 영화도 잘 기억나지 않는다. 당시에는 트렌디해서 많이 회자하던 것들도 기억하지 못할

71

정도로 빠르게 잊혀진다.

인류 역사 전체로 볼 때 최근 100년 동안 일어난 일이 수천 년의 시간 동안 일어난 일보다 더 많다. 예전 사람들은 1년이 지나도 사회 변화를 거의 느끼지 못하며 살았다. 10년이 지나도 사회, 문화, 경제의 변화를 느끼지 못할 정도로 느린 삶이었다. 그렇게 살아도 지장 없는 사회였다. 현대 사회는 셀 수 없을 정도로 많은 일이 생긴다. 일주일만 지나도 사람들의 대화에 참여하지 못할 정도다.

현대 사회는 변화무쌍하다. 변화의 흐름을 좇아가지 못하면 뒤처지는 게 당연하다. 일반인이 세상을 바꾸는 것은 무리다. 부자도 거대하게 흐르는 도도한 역사의 흐름을 바꿀 수 없다. 다만 부자는 좇아가는 데 급급한 인생을 살지 않는다. 부자는 도태되지 않으려고 끊임없이 노력하고 변화한다. 자신의 부를 유지하려면 변화에 적응해야 하기 때문이다.

부를 유지하기 위해 노력한다는 것이 이상하게 들릴지도 모르겠다. 예를 들자면 부자는 부를 유지하기 위해 금리를 체크하고 세금 변화에 따라 자산 구성을 조정한다. 자산시장의 수익률에 따라 포트폴리오 비중도 조금씩 조정한다. 그렇지 않으면 어느 순간 자신도 모르게 자산규모가 줄어들기 때문이다.

복잡다단한 현대 사회에서 변화는 필수불가결(必須不可缺)하다. 도태되지 않고 경쟁에서 뒤처지지 않으려면 먼저 변해야 한다. 경쟁이 싫고 여유로운 삶을 추구하는 것까지는 좋다. 이것을 말릴 수는 없다. 하지만 변하지 않아도 된다는 뜻은 아니다. 여유로운 삶은 그냥 얻어지지 않는다. 끊임없이 변화하는 현대 사회에서 뒤처지지 않으려고 노력한 결과나. 남들은 변화하는데 나는 나만의 것을 지키겠다는 생각은 아집이다.

나만의 것을 지키는 게 아니라 게으름을 고급스럽게 포장한 것이다.

무엇보다 자신의 성공에 도취하여 샴페인을 터뜨리면 그 즉시 나락으로 떨어질 일만 생긴다. 부자들은 자신의 부를 끊임없이 유지하기 위해 재단(財團)을 설립하기도 한다. 부자가 삼대를 가지 못한다는 것을 깨닫고 자신의 부를 오랫동안 지키고 세습하려는 노력이다. 예전과 달리 부자들이 더 예의 있고 신사적이고 교양 있게 행동한다. 이것이 부가 유지되어 후세대로 넘어가는 비결이다.

해마다 새로운 부자가 탄생한다. 새롭게 진입하는 부자만큼이나 광속도로 탈락하는 부자도 속출한다. 다우존스 지수 초기에 편입되었던 기업 중 오늘날까지 유지되는 기업이 없는 것과 마찬가지다. 그들이 부를 유지하지 못하고 경쟁에서 도태된 이유는 현실에 안주했기 때문이다.

하루하루 빠르게 바뀌는 현대 사회에서 변화는 피할 수 없다. 스스로 변화하지 않아 소멸하는 것보다는 미리 변하는 것이 낫다. 변화를 강요당할 것인가? 먼저 움직일 것인가? 어쩔 수 없이 움직이지 말고 먼저 변해라. 부자들이 자신의 부를 유지하기 위해 끊임없이 변하는 것처럼.

작은 성취라도 얻어라

자녀 교육에 힘쓰는 부모들이 많다. 어떻게 하면 자녀가 바르게 성장하고 사회에 뒤처지지 않는 사람이 될지 고민한다. 부모들이 사회생활을 해 보니 세상이 녹록지 않다는 것을 경험으로 깨달았기 때문이다. 자녀가 자신과 다른 삶을 살기를 바란다. 자연스럽게 자녀의 미래를 다양하게 모색한다.

자녀들이 좋은 인맥을 쌓고 훌륭한 인프라에서 공부하는 환경을 만들려고 강남에 입성하기도 한다. 문제는 강남에서 공부하는 학생들의 수준이 높다는 점이다. 어지간한 실력으로는 상위권을 유지하기 힘들다. 1점에 따라 등급이 좌지우지되는 학생들에게 내신 한 등급 차이는 엄청나다. 1등급을 받지 못한 학생은 아무리 수학능력시험을 잘 봐도 원하는 대학에 가기 어렵다.

이런 사실을 알고 있던 한 지인은 고민 끝에 자녀가 중학생이 될 때 강남으로 이사하지 않기로 했다. 그는 강남에 입성해도 부담 없는 수준의 부가 있었지만 더 중요한 건 자녀가 성취감을 맛보는 것이라고 생각했다. 용의 꼬리보다 뱀의 머리가 되는 것이 낫다고 판단했다. 강남의 치열한 교육 환경에서 자녀가 이리 치이고 저리 치이면서 실망과 실패감을 맛보고 자존감이 낮아지는 것은 득보다 실이 크다고 여겼다.

지금 사는 곳에서 성취감을 느끼고 자존감을 높이는 것이 더 중요하다고 봤다. 그는 자녀가 학교 반장이나 회장에 출마하여 공정한 경쟁을 통해 당선되는 성취감을 느끼게 했다. 자녀는 앞으로 사회생활을 하면서 수많은 문제를 만나게 될 것이다. 그때마다 포기하거나 좌절하지 않아야 한다. 그는 자녀가 다양한 경험을 하며 맛본 성취감으로 앞으로 무엇이든 해낼 것이라 믿었다. 그것을 미리 자녀에게 심어주려는 노력이었다.

부자들이 우리와 다른 점은 딱히 없다. 그들도 우리처럼 먹고 자고 일한다. 새로운 일을 할 때 잘 해낼 수 있을지 두려움도 있다. 그렇지만 부자들이 우리보다 잘 해낼 확률이 높다. 부자들은 이기는 습관을 갖고 있기 때문이다. 여러 일을 하며 성공한 경험이 쌓이고 그 경험으로 어떤 일이라도 자신 있게 추진한다. 그래서 우리보다 능숙하게 잘하는 것처럼 보인다.

《베스트 플레이어》라는 책에 성공한 사람의 사례와 방법이 잘 설명되어 있다. 성공한 사람은 결코 똑똑하거나 타고난 사람이 아니다. 그들은 노력을 통해 자신의 업적을 이뤘다. 실패에 대한 두려움에 떨지 않고 끊임없이 성취를 맛보려고 노력한 사람들이다. 지레짐작으로 포기한 우리와는 달랐다.

쉽게 성공하고 승리에 익숙해 보이는 사람들이 있다. 이들과 나의 차이점을 아는 것은 중요한 출발점이 될 수 있다. 이들이 대단한 능력자이고 엄청나게 똑똑해서 성공한 건 아니다. 할 수 있다는 자신감만으로 이룬 것도 아니다. 아주 작은 성취를 맛본 사람이 그 성취감을 바탕으로 다른 일도 자신 있게 했던 것이다.

그렇다고 성취 지향적인 인간이 되라는 의미는 아니다. 성취를 위해 노력하는 것과 성취 지향적인 사람이 되는 것은 엄연히 다르다. 세상에는 성취 지향적인 사람이 있고 안정 지향적인 사람이 있다. 성취지향적인 사람은 이득에 흥미를 갖고 움직인다. 안정 지향적인 사람은 손해 보지 않으려고 노력한다.

성취 지향적인 사람에게 손해 보지 않을 수 있다는 논리로 아무리 설명해 봐야 마음에 들어 하지 않는다. 성취 지향적인 사람은 자신에게 어떤 미래가 펼쳐질 것인지 그림이 그려질 때 의욕이 생긴다. 반면에 안정 지향적인 사람에게 엄청난 이득이 펼쳐진다는 논리로 설득하면 전혀 의욕이 생기지 않는다.

노력을 통해 성취감을 맛보는 것과 성취 지향적인 인생은 다르다. 투자할 때도 각자 성향에 따라 성취감이 달라진다. 성취 지향적인 사람은 작은 문제가 있어도 미래가 밝다면 과감히 투자를 결정하여 성취감을 맛보려고 한다. 안정 지향적인 사람은 조금 답답해도 손해 보지 않을 확실한 곳에 투자하여 성취감을 맛보려고 한다. 성취 지향적인 사람이나 안정 지향적인 사람이나 모두 성취감을 맛볼 수 있다.

자신이 어떤 성향이냐는 중요하지 않다. 성취감을 느끼는 것이 중요하다. 처음부터 엄청난 성공을 거두는 사람은 없다. 아주 작은 성취감이라도 맛보는 것이 중요하다. 작은 문제를 풀지 못한 사람이 큰 문제를 풀 수 있을까? 작은 것도 해내지 못한 사람이 뭐든 자신 있게 해낼 것이라고 떠들면 사람들이 믿을 수 있을까? 주변 사람은 물론이고 자신도 스스로를 믿지 못할 것이다.

처음부터 회사 사장이 되는 사람은 없다. 창업주의 자녀라도 어느 날 갑자기 하늘에서 뚝 떨어져서 사장이 되는 일은 없다. 사원부터 시작하거나 팀장급으로 출발하는 경우가 대다수다. 어느 경우든 작은 업무부터 배우고 익히면서 서서히 경력을 쌓는다. 업무에 익숙해지면서 작은 성공을 거두고 서서히 직급이 올라가는 경우가 많다. 일반 사원이 프로젝트를 잘 마무리하면 주변 동료와 상사가 주목한다. 점차 복잡하고 어려운 프로젝트를 맡으면서 연봉과 직급이 올라간다.

창업주 자녀도 크게 다르지 않다. 창업주 자녀가 프로젝트를 추진할 때 어떻게든 이를 성공시켜 대내외에 성과를 알리려고 노력한다. 초반에는 창업주 자녀에게 쉬운 프로젝트를 맡겨 '나도 할 수 있다'는 자신감을 심어준다. 점차 어려운 프로젝트를 맡기면서 전사적인 차원에서 에너지를 집중하여 밀어준다. 창업주의 자녀든 손자든 기업을 경영하기 전에 반복적으로 일어나는 일이다. 이들의 실력을 세상에 알려야 할 필요가 있기 때문이다.

물론 대기업은 이런 것들이 너무 눈에 보일 정도로 심하다. 일감 몰아주기 등의 역효과가 나고 자유 경쟁에 역행하는 부조리도 생긴다. 창업주 자녀가 경영하는 회사에 대기업의 모든 일감을 맡기니 저절로 기업 이익은 늘어난다. 자녀는 자연스럽게 자신감이 생긴다. 이를 바탕으로 더 큰 그림을 그리고 크게 성공하면서 실적을 인정받는다.

그다지 긍정적이지 않은 사례이긴 하다. 이런 예를 든 것은 이들이 이렇게 하는 이유를 알려주기 위해서다. 바로 성취감을 얻기 위해서다. 이를 통해 자신감을 얻는 측면이 있다. 작은 성공을 통해 주변 사람들에게 무언가를 해냈다는 가시적인 성과도 보여줄 수 있다. '후계자를 믿을 수 있겠다'라는 믿음도 줄 수 있다. 기업 승계에 훌륭한 역할을 한다.

혹시 성공보다 실패를 더 자주 하는가? 하는 일마다 잘 안된다면 아주 작은 일부터 성공하도록 노력해라! 아주 작은 것이라도 성공하면 성취감이 높아진다. 이때 얻은 자신감은 다른 일을 할 때도 긍정적으로 작용한다. 마지못해 하는 것이 아니라 긍정적인 마음으로 유쾌하게 할 수 있는 원동력을 제공한다.

부자들 대부분은 처음부터 부자가 아니었다. 열심히 노력해서 작은 일부터 성공하였다. 그것들이 쌓여 지금의 자리에 올랐다. 성공한 부자처럼 성취감을 얻으려고 노력하라! 작은 일이라도 성공하려고 노력하라! 그런 경험이 쌓일 때 큰일도 자신 있게 해낼 수 있다.

그릇을 먼저 키워라

그릇에 물을 계속 부으면 어느 순간 흘러넘친다. 그릇 크기가 한정되어 있으니 흘러 들어오는 물의 양이 그릇 크기를 넘는 순간 물이 넘친다. 그릇에서 흘러넘친 물은 다른 곳으로 흐른다. 그릇에서 물이 흘러넘치지 않게 할 방법은 없을까?

첫째, 그릇에 구멍을 내는 방법이 있다. 이렇게 하면 물이 흘러넘치지 않을 것 같지만 꼭 그렇지도 않다. 많은 물이 한꺼번에 그릇으로 쏟아져 들어오면 구멍을 통해 나가는 물도 있지만 여전히 흘러넘치는 물이 생긴다. 둘째, 더 이상 그릇에 물을 붓지 않는 방법이다. 이렇게 하면 물이 흘러넘치지 않는다. 셋째, 큰 그릇으로 바꾸는 방법이다. 그릇이 큰 만큼 더 많은 물을 담을 수 있다. 무한정 쏟아지는 물을 전부 받아낼수는 없지만 그릇의 크기만큼 충분히 많은 물을 담을 수 있다.

물을 돈이라고 생각하고 그릇을 본인이라고 생각하면 어떨까? 부는 정확하게 자신의 그릇 크기만큼 흘러들어온다. 많은 부가 나에게 흘러들어와도 내 그릇 크기보다 많이 담을 수 없다. 더 많은 부가 흘러들어와도 주인이 감당할 수 없으니 빠져나간다.

구멍을 내는 것도 방법이 아니고 더 이상 물(돈)을 받지 않는 것은 더욱 아니다. 돈이 필요 없다고 말할 사람이 사람은 없기 때문이다. 유일한 방법은 그릇을 키우는 것이다. 나에게 들어오는 돈이 흘러넘치지 않고 계속 쌓이게 만들려면 그릇을 키워야 한다.

매주 새로운 부자가 탄생한다. 매주 토요일에 행운의 로또 당첨으로 순자산 10억 원이 넘는 사람이 몇 명씩 생긴다. 이들은 뜻하지 않은 횡재로 부자가 되었다. 불행히도 이들 중에 부를 계속 유지하고 불리는 사람은 드물다. 자신의 그릇 크기 이상의 부가 갑자기 들어왔기 때문이다. 그릇이 작고 능력이 되지 않는 사람에게 흘러들어온 돈은 빠르게 흘러넘쳐 빠져나간다. 흘러넘치는 물을 손으로 잡을 방법은 없다.

이들은 뜻하지 않게 얻은 부를 능력으로 착각하고 사업을 시작한다. 나름대로 조사도 하고 타당성 검토도 한다. 그러나 충분할 리 없다. 전혀 알지 못하던 분야인데도 오로지 돈만을 믿고 시작한다. 성급히 시작한 사업은 부를 더 늘리기는커녕 갈수록 돈만 들어간다. 결국 멀쩡한 그릇에 구멍이 뚫리면서 그나마 있던 돈마저 사라진다.

이것이 그릇을 키우려고 노력해야 하는 이유다. 돈을 벌려고 노력해도 제자리인 이유고, 뜻하지 않게 돈이 늘어나도 여전히 그대로인 이유다. 늘어난 부를 유지할 수 있는 능력을 아직 갖추지 못한 내 탓이다. 내 그릇을 키워야만 그릇 크기에 맞는 부가 형성되고 유지될 수 있다.

회사를 운영하는 사장이 노력한 만큼 회사는 일정 궤도에 오른다. 정직한 땀의 양만큼 회사는 성장한다. 직원을 채용하고 규모도 커진다. 그렇지만 어떤 기업이든 일정 수준에 다다르면 더 이상 성장하지 못하고 정체 현상을 맞이하는 순간이 온다.

지금까지는 사장이 가진 그릇 크기만큼 기업이 성장했다. 이제부터는 사장이 자신의 그릇을 키워야만 그만큼 기업이 성장할 수 있다. 그게 힘들다면 사장은 직원들이 능력을 발휘하도록 독려해야 한다. 직원들의 능력을 키우고 믿고 맡긴다면 직원들의 그릇 크기만큼 기업은 시너지 효과가 난다. 사장의 그릇이 아니라 회사 전체의 그릇만큼 성장할 수 있다. 자신보다 뛰어난 직원을 고용하고 그들에게 회사 업무를 믿고 맡기는 것도 사장의 그릇이다.

사장이 자신의 능력을 키우지 못한다면 회사 전체의 그릇을 키우면 된다. 이것이 안 된다면 사장은 자신의 그릇을 인정하고 그 정도 선에서 회사를 유지하려고 노력하면 된다. 인간은 성장을 추구하는 동물이기 때문에 사장이 오랫동안 회사를 유지하면서 터득한 지식과 경험을 토대로 회사는 서서히 성장하게 된다.

부족함을 느끼고 더 배워야겠다는 사장은 CEO들의 조찬모임에 참여하고 대학에서 MBA 경영 기법을 배운다. 일반인보다 더 많은 독서를 하며 쉬지 않고 공부한다. 어느 정도 부도 모았고 더는 공부할 필요가 없다고 생각되는 부자들이 더 열심이다. 부자들이 훨씬 더 많은 시간을 할애해서 공부한다. 늘 끊임없이 새로운 것을 배우려 노력한다.

부동산 투자로 꽤 많은 자산을 모은 사람이 뒤늦게 대학교 부동산 과정에 편입하거나 평생 교육원에 들어간다. 부족했던 이론을 배우고 자신의 부동산 투자에 도움이 되는 자격증을 따려고 노력한다. 또한 재무제표를 이해하려고 고가의 유료 강의에 참여하는 주식 투자자도 주변에서 많이 본다.

그들은 현장의 전문투자자로 누구보다 깊은 실무 지식이 있다. 그런데도 여전히 자신이 부족하다고 인식하고 끊임없이 공부한다. 잠시라도 게으르면 도태된다는 사실을 뼛속 깊이 새기고 자신의 그릇을 키우는 데 소홀하지 않는다. 이것은 더 많은 부를 갖고 싶은 욕심과는 다르다. 이들은 어떻게 하면 부족한 점을 극복하고 모르는 걸 배울 수 있을지 고민한다. 아무 분야나 마구잡이로 공부하고 노력하는 게 아니다. 각자 자신의 전문 분야를 더 깊게 공부하여 뒤처지지 않으려고 노력한다.

일정 수준 이상의 자산을 갖고 있어도 자산을 늘리는 건 어렵다. 심지어 자산이라는 그릇에 구멍이 나기 일쑤다. 구멍을 메우려고 할 때는 이미 회복될 수 없는 지경에 이르렀다는 뜻이다. 부단히 자신의 그릇을 키우려고 노력하지 않는 사람에게 벌어지는 현상이다. 그러니 싫어도 할 수밖에 없다. 노력하지 않으면 안 된다.

밥그릇 크기에 평생 머무르는 사람도 있다. 노력하여 찌개 그릇 크기가 된 사람도 있다. 대접 정도의 크기로 키운 사람도 있다. 노력하는데도 자신은 왜 이것밖에 안 되는지 모르겠다는 사람도 있다. 이런 사람은 더 이상 자산이 늘어나지 않는 이유도 모르고 그저 죽어라 노력만 한다. 중요한 건 그릇을 키워야 자신의 부가 늘어난다는 사실이다. 이걸 깨닫지 못하면 계속 제자리에 맴돌 뿐이다.

많이 공부하고 그릇을 키워야 존경받을 수 있다. 고등학교만 졸업하고 직장에 다니며 돈을 번 사람보다, 대학을 졸업하고 직장에 들어간 사람의 총수입이 더 많다는 통계도 있다. 그러니 당장 얼마의 돈을 버는 것보다 자신의 능력을 키우는 게 훨씬 중요함을 잊지 말자.

그릇을 키우면 당신에게 찾아온 돈은 절대로 새지 않는다. 한 번 찾아온 돈은 당신의 능력만큼 그릇에 머문다. 당신의 능력을 벗어난 돈은 그릇에서 흘러넘친다. 인정하기 싫어도 부자들은 당신보다 훨씬 더 큰 그릇이다. 부러워하지 말고 지금부터 당신의 그릇을 키워라! 돈은 자연스럽게 흘러들어올 것이다! 당신의 그릇만큼!

교양이 당신을 부자로 만든다

'교양(敎養)'의 영어 단어는 'culture'이다. 이 단어의 원뜻은 '경작'을 의미한다. 땅에 씨를 뿌리고 잘 가꿔 열매를 거둔다는 의미다. 결국 교양은 자신의 성장을 위해 공부하고 다양한 분야를 개발해서 한 단계 발전한다는 의미를 지닌다.

교양이라는 단어는 그리스, 로마시대 때부터 사용했다. 교양을 지금의 개념으로 쓰게 된 것은 18세기 후반부터다. 미성숙한 개인이 성숙한 상태로 거듭나는 것을 의미했다. 철학적인 의미에 인문학적인 개념을 더해 교양은 이제 학문과 식견이 있는 사람을 뜻하는 단어가 되었다. 일반적인 행동을 하지 않거나 남들이 눈살 찌푸릴 짓을 할 때 사람들은 '교양이 없다'라고 표현한다.

현대에 와서 교양의 의미는 다소 퇴색한 면이 있다. 교양은 본래 외면이 아닌 내면을 이야기한다. 어느 순간부터 사람들은 외면에 보이는 모습에 교양이라는 잣대를 들이댄다. 고고하고 도도하게 절제 있는 행동을 하는 사람에게 교양이 있다고 한다. 예의 없는 행동을 하는 사람에게는 '버릇이 없다'라고 지적하며 교양 없는 사람으로 취급한다.

고급 레스토랑에서 수저, 포크, 칼을 순서에 맞게 올바르게 사용해야 교양 있다고 한다. 자선행사에 참석하여 우아한 자태를 뽐내며 살포시 웃어주는 모습에서 교양을 찾기도 한다. 이러한 모습은 교양 있는 행동일지는 몰라도 실제로는 교양 있는 척하는 속물에 가까울 수도 있다.

우리가 이야기하는 교양은 내면에서 우러나오는 것을 말한다. 내면을 꾸미고 가꾸는 교양은 억지로 꾸미지 않아도 자연스럽게 사람을 빛나게 만든다. 그런 사람과의 대화는 즐거울 뿐만 아니라 알게 모르게 깨달음도 준다. 내면을 끊임없이 가꾼 사람의 생각은 세상을 다른 시선으로 보게 만든다.

교양을 어떻게 키울까? 나보다 훌륭한 사람을 만나 대화를 나누거나 강의를 들으며 배우는 것도 좋은 방법이다. 내가 알지 못하는 무언가를 전하는 그들의 이야기를 듣는 것만으로도 도움이 된다. 이전과는 다른 방법으로 세상을 바라보는 시선을 공유할 수 있기 때문이다.

다양한 문화 활동을 하는 것도 좋다. 좋은 드라마, 영화, 다큐멘터리에서 인간의 속성을 보고 느낄 수 있다. 세상과 상황에 대처하는 인간의 행동을 통해 배울 수 있다. 좋은 음악은 상상의 나래를 펼치게 해준다. 좋은 미술은 늘 보던 대상을 다른 관점으로 바라보게 해준다. 이런 문화 체험은 교양을 쌓는 데 큰 도움이 된다.

하지만 인류 역사에서 교양을 쌓는 가장 좋은 방법은 역시 '독서'이다. 워런 버핏은 독서의 중요성에 대해 이렇게 말했다. "당신의 인생을 가장 짧은 시간에 가장 위대하게 바꿔줄 방법은 무엇인가? 만약 당신이 독서보다 더 좋은 방법을 알고 있다면 그 방법을 따르기 바란다. 그러나 인류가 현재까지 발견한 방법 가운데서만 찾는다면 독서보다 더 좋은 방법을 찾을 수 없을 것이다."

빌 게이츠는 도서관에 있는 책을 다 읽을 정도로 독서광이었다. 그는 독서에 대해 이렇게 말했다. "오늘날 나를 이 자리에 있게 만든 것은 어릴 적 집 부근에 있었던 도서관이었다. 하버드대학교 졸업장보다 책을 읽을 수 있는 도서관이 있다는 게 더 행복하다."

독서는 세상을 제대로 바라보는 관점을 얻게 하고, 내가 하는 사업을 더 높은 경지에 도달하게 만든다. 주변 사람들에게 영향력을 행사하고 어려움을 슬기롭게 헤쳐 나가는 부자들의 이야기는 끝이 없을 정도다. 그들의 이야기만 담아도 책 한 권으로는 부족할 정도다. 그들이 교양을 쌓은 방법은 전적으로 독서였다.

내 인생에서도 독서는 중요한 역할을 했다. 내가 공부를 위해 선택한 방법이 독서였다. 투자에 대해 하나도 알지 못하는 내가 선택할 수 있는 가장 쉽고 확실한 방법이었다. 내가 투자할 때 독서는 큰 버팀목이 되었다. 모르는 것을 알려주었고, 혼란스러운 감정이 들 때 차분하게 진실을 바라볼 수 있게 해줬다.

투자를 배우려고 시작한 독서는 갈수록 범위가 넓어졌다. 투자와 관련된 책뿐만 아니라 분야를 넓혀가며 책을 읽었다. 원래 교양을 쌓으려고 시작한 독서가 아니었는데 언제부턴가 사람들이 나에게 교양 있어 보인다고 말하기 시작했다. 독서를 하며 자연스럽게 내면을 갈고닦을 수 있게 되었다. 독서로 다양한 분야의 지식을 습득하면서 세상을 바라보는 시선이 이전과 달라지는 걸 느꼈다. 교양의 뜻처럼 자신을 경작하여 한 단계 발전하는 계기가 되었다. 과거의 나와는 달라진 내면도 발견했다.

부자 중에 독서로 교양을 쌓지 않은 사람을 한 명도 본 적이 없다. 그들과 만날 때 대부분 외부에서 만나는데 가끔 그들의 집에 초대받아 갈 때가 있다. 그때마다 놀란다. 부자들의 집에는 언제나 책이 가득했다. 벽 한 면이 서재로 꾸며져서 책이 인테리어처럼 보일 정도다. 심지어 방 안 가득히 책이 있는 경우도 많다.

이에 반해 우리 주변 사람들은 교양 쌓는 것을 게을리한다. 바쁘다는 게 그들이 대표적으로 대는 핑계다. 부자라고 더 많은 시간을 가진 건 아니다. 부자가 돈을 더 많이 가진 건 맞지만 시간을 더 많이 소유한 사람은 지구 위에 단 한 명도 없다. 경제적 자유가 있으니 책 읽을 시간이 많다는 시선으로 볼 수도 있다. 하지만 과연 그럴까? 정말 시간이 남아돌아 책을 읽는 것일까? 그렇다고 믿는 사람은 솔직히 이 책을 더 이상 읽어야 할 이유는 없다. 삐뚤어진 시선과 삐딱한 시야로 바라보는 세상살이는 무의미하기 때문이다.

오늘도 무의미한 시간을 보내고 피곤하다며 움직이는 것도 싫어하는 누군가와 달리 부자들은 한결같다. 교양을 쌓기 위해 쉬지 않고 노력한다. 부자가 부자인 이유는 어제와 다른 오늘의 나를 만나기 때문이다. 그릇을 키운다는 건 자신을 개발해야 한다는 의미다. 마찬가지로 교양을 쌓는 것도 자신을 개발해야 한다는 의미다.

부자들이 쉬는 시간에 하는 행동을 잘 지켜보라. 그들은 어제보다 나은 오늘을 만들기 위해 끊임없이 노력한다. 자신을 갈고닦기 위해서다.

부자가 되려고 노력할 때 교양이 자신도 모르게 쌓인다. 부자가 된 후에는 더 높은 교양을 쌓으려고 한다. 그게 진짜 부자이기 때문이다.

　과거에는 '교양 있는 사람이 되어라'의 의미는 입신양명(立身揚名)을 하라는 의미였지만 자본주의 사회에서는 다르다. '교양 있는 사람이 되어라'는 뜻은 '부자가 되어라'는 의미로 봐야 하지 않을까. 부자가 되고 싶다면 오늘부터라도 교양을 쌓아야 한다. 교양이 당신을 부자로 만들어 준다. 교양이 쌓이면 쌓일수록 자산이 늘어난다.

제3부

부자가
투자하는
방법

부자의 투자

돈에 대한 철학을 가져라

아리스토텔레스부터 프란츠 아시시, 마르크스, 요한 바울 2세에 이르기까지 많은 사상가들은 한결같이 다음 질문에 지대한 관심을 보였다.

"돈에 대한 욕구를 과연 도덕적으로 내세우고 정당화할 수 있을 것인가?"

소포클레스는 돈에서 악의 형상을 찾아냈으나 내가 좋아하는 에밀 졸라는 그의 소설《돈》에서 "왜 돈이 모든 오명을 뒤집어써야 하는가?"라고 물었다. 돈을 벌기 위해 사람들은 자신의 창조력과 성실성을 투자하고 어느 정도의 위험부담을 감수한다.

"어느 누구도 돈에 대해 말하지 않아. 그렇지만 모든 사람들이 그걸 생각하지."

앙드레 코스톨라니《돈 뜨겁게 사랑하고 차갑게 다루어라》중

현대 사회에서 돈은 필수다. 돈으로 모든 걸 살 수 있다. 돈으로 살 수 없는 것도 있지만 실제로는 거의 모든 걸 살 수 있다. 돈이 사람을 죽이고 살린다. 돈이 무엇이기에 사람을 죽이기도 하고 살리기도 하는 것일까?

유럽의 전설적인 투자자 앙드레 코스톨라니는 모든 사람이 돈에 대해 생각하지만 그걸 입 밖으로 언급하지는 않는다고 말한다. 누구나 간절히 돈을 원하지만 그걸 타인에게 언급하지 않고 혼자만 간직한다. 돈만 있으면 거의 모든 것이 해결된다는 걸 안다. 하지만 정작 그 돈이 없어서 해결되는 게 하나도 없다는 사실에 절망하고 좌절한다.

돈이 없어 힘든 게 아니라 돈에 대한 걱정으로 힘든 경우가 대다수다. 아무리 걱정해도 돈은 더 들어오지 않고 여전히 똑같다. 돈이 있어도 문제는 해결되지 않고 돈 걱정은 평생 나를 따라다닌다. 직장을 다니든 사업을 하든 무엇을 해서라도 돈은 벌면 되지만 근본적인 해결책이 되지 못한다. 평생 돈 걱정을 하며 살기 때문이다.

갈수록 돈은 사이버머니 성격으로 변질되고 있다. 실제로 우리는 현금으로 상품을 거래하지 않는다. 돈이 보이지 않는 카드로 결제한다. 카드는 신용이라는 뜻이다. 카드를 결제하는 나도 음식점 사장도 서로 돈을 주고받지 않는다. 음식점 사장은 내가 먹은 음식값을 계산하고 나는 카드를 내민다. 누구도 지폐를 꺼내 주고받지 않는다.

과거에는 지금과 같은 화폐가 없어서 물물교환을 했다. 닭과 쌀을 거래하고 다시 쌀을 생선으로 거래하는 식이었다. 화폐 개념이 생기면서 금이나 은이 일정량 함유된 동전이 화폐 역할을 했지만 충분하지는 못했다. 화폐 제도가 발전하면서 정부가 발행하는 돈은 신뢰(신용)를 바탕으로 유통되기 시작했다. 신용을 근거로 필요 이상의 돈을 찍어내자 그 돈은 부자들에게 들어갔다. 정확하게는 당장 돈을 쓸 일이 없는 사람들의 주머니로 들어가서 나오지 않았다.

　돈이 부족한 사람은 여유 있는 사람에게 돈을 빌리고 이자를 지급한다. 물이 위에서 아래로 흐르는 것처럼 돈은 꼭 필요한 사람에게서 당장 급하지 않은 사람에게로 흘러간다. 돈이 꼭 필요한 사람은 언제나 돈이 없다. 돈 쓸 일이 별로 없는 사람에게 들어간 돈은 밖으로 나오지 않는다. 당장 써야 하는 돈은 내 손에 만져지지도 않는다. 어떻게 쓰는지도 모르게 빠져나간다. 돈이 너무 많아 어떻게 써야 할지 모르는 사람은 돈이 늘 남아 돈다. 돈이 부족해서 간절히 원하는 사람은 움켜쥔 모래처럼 돈이 빠져나간다.

　돈이 정말로 필요한 사람에게는 돈이 들어가지 않고, 돈이 더 이상 필요 없는 사람에게는 돈이 들어온다. 은행은 대출이 필요 없는 부자에게는 저렴한 이자와 좋은 조건을 제시한다. 대출이 꼭 필요한 사람에게는 높은 이자가 문제가 아니라 대출이 안 될 때가 많다.

　정부가 은행 지급준비율(은행의 예금 중 중앙은행에 의무적으로 적립해야 하는 비율)로 시중에 돌아다니는 돈의 유동성을 조절한다는 내용 같은 돈의 흐름은 경제 서적에서 배울 수 있다. 이런 것을 배우면 도움이 된다. 그렇지만 우리는 열심히 일하고 투자하면서 나에게 들어오고 나가는 돈에 집중하는 게 좋다. 쓰는 돈보다 들어오는 돈이 더 많아야 비로소 돈은 나를 떠나지 않고 머물게 된다.

　원칙은 간단하다. 쓰는 돈보다 더 많이 벌면 된다. 버는 돈을 늘리고 지출을 최대한 줄이면 된다. 이렇게 하면 돈이 점점 쌓인다. 이런 시스템이 완성되었을 때 비로소 부자가 되었다는 이야기를 듣는다. 전 세계

0.001%에 속하는 부자는 하루에 1억 원씩 써도 부가 줄어들지 않는다. 쓴 돈보다 더 빠른 속도로 부의 증식이 이뤄지기 때문이다.

돈이 왜 필요하고 돈이 무엇인지 안다는 건 돈에 대한 철학을 갖고 있다는 뜻이다. 돈에 대한 철학을 먼저 갖추고 돈에 대한 걱정은 일단 접어두자. 돈에 대한 걱정은 평생 사라지지 않는다. 대부분 돈이 들어오는 속도보다 빠져나가는 속도가 훨씬 빠르기 때문이다. 돈 걱정을 해서 변하는 것은 없다. 돈을 어떻게 벌 것인지 고민하는 게 훨씬 더 의미 있다. 그런 고민이 당신을 부자로 만들어 준다.

사람들은 돈 버는 기술만 알려고 한다. 돈의 역사나 돈을 바라보는 자세는 알려고 하지 않는다. 하지만 돈에 대한 자신만의 관점을 갖추는 것이 가장 먼저 할 일이다. 돈이 왜 필요한지, 돈으로 무엇을 할 것인지, 돈이 나에게 어떤 존재인지 고민해야 한다. 단지 돈을 벌고 모으기만 하고 돈에 대한 철학이 없는 사람에게 돈은 오래 머물지 않는다.

인류 역사와 더불어 돈은 다양한 방법으로 발전했다. 인류가 발전할수록 돈의 지불수단과 방법도 변하고 있다. 이제 현금을 직접 주고받는 지불교환 방식은 사라지고 있다. 소액도 직접 돈을 주고받지 않는다. 삼성페이나 카카오페이 등으로 거래가 이뤄진다. 큰돈은 안전을 위해서 계좌이체 등으로 거래한다. 돈은 점점 사이버머니 성격으로 변하고 있다.

평소에 돈을 어떤 식으로 다루고 있는가? 직접 현금을 만지면서 타인과 거래하고 교환한 기억이 거의 없지 않나? 혹시 눈에 보이지 않는다고 돈이 빠져나가는 것에 무감각해지지 않았나? 몇만 원이나 몇십만 원 정도는 페이로 쉽게 결제하고 있지 않나?

적은 돈이라도 함부로 쓰지 말고 지출을 통제해야 한다. 사이버머니처럼 쉽게 빠져나가는 돈에 무감각해지지 않으려고 노력해야 한다. 페이 등으로 쉽게 쓰면 돈에 대한 감각이 사라지기 때문이다. 적은 돈이든 큰돈이든 신중하게 결정하고 써야 한다.

돈은 내가 하고 싶은 것을 할 수 있게 해주고, 하기 싫은 걸 안 할 수 있는 힘을 준다. 최소한 구차한 짓을 하지 않아도 되게 만들어 준다. 극단적으로 볼 때 자본주의 사회에서 돈은 모든 것이다. 하지만 돈에 대한 철학이 없는 사람에게 돈이란 감당하지 못하는 폭탄을 들고 있는 것과 같다.

가진 자의 언어

"바이탈(vital)을 체크해 주세요."

"빨리 석션(suction)하세요! 급해요!"

"어레스트(arrest)라고요!!!"

위 용어들이 무슨 뜻인지 이해하는 사람은 의학 드라마를 자주 봤거나 의학 분야에 종사하는 사람일 확률이 높다. 의사들은 환자와 보호자를 눈앞에 두고 자신들끼리 이상한 이야기를 열심히 한다. 환자와 보호자는 눈만 껌벅이며 의사들이 하는 말을 전혀 알아듣지 못한다.

'주택임대차보호법 제3조의 2 제1항은 대항요건(주택인도와 주민등록진입 신고)과 임대차계약증서상의 확정일자를 갖춘 주택임차인은 후순위권리자 기타 일반채권자보다 우선하여 보증금을 변제받을 권리가 있음을 규정하고 있는 바, 이는 임대차계약증서에 확정일자를 갖춘 경우에는 부동산 담보권에 유사한 권리를 인정한다는 취지이므로, 부동산 담보권자보다 선순위의 가압류채권자가 있는 경우에 그 담보권자가 선순위의 가압류채권자와 채권액에 비례한 평등배당을 받을 수 있는 것과 마찬가지로 위 규정에 의하여 우선변제권을 갖게되는 임차보증금채권자도 선순위의 가압류채권자와는 평등배당의 관계에 있게 된다.'

임차인이 보증금을 지킬 수 있는 권리에 대해 임차인과 채권자 간에 소송이 있었다. 판사는 위와 같이 판결했다. 한글이지만 이 판결문을 읽고 이해하는 사람은 많지 않을 것이다. 하지만 법조인은 누구나 저 글을 읽고 이해한다. 법조인은 언제나 이런 식으로 글을 쓴다.

'유안타증권은 삼성전자(005930)에 대해 2022년, 2023년, 2024년 각각 DRAM Sufficiency Ratio를 6%, −2%, −5%로 추산. 불확실성이 높은 상황에서 Down Cycle에 진입하는 공급업체들은 Tech Migration에 대한 의존도가 보다 높아질 것. 이에 2022~2023년 DRAM Migration Bit을 평년 대비 이례적으로 낮은 5%로 가정. 2H23 DRAM시장은 수급 Balance에 도달하고, 2024년 DRAM 시장 내 초과 수요가 불가피할 것으로 전망(공급 Bit 17% vs. 수요 Bit 21%). EUV 도입이 본격화 됨에 따라 기술 난이도가 증가하고 이는 Migration 전환속도/효율을 감소시켜 2024년 Tech Migration Bit는 10% 수준에 그칠 것. DDR5 채택율이 증가함에 따라 Net Die 감소가 예상된다는 점은 제한적인 공급 증가에 대한 가시성을 높일 것이라고 분석했다.'

한국에서 제일 유명한 삼성전자에 투자하려고 검색했더니 위와 같은 정보가 떴다. 한국어로 된 글이라 쉽게 생각하고 읽었는데 도저히 무슨 말인지 이해할 수 없는 용어가 빽빽하게 적혀 있었다. 마치 까막눈이 된 듯한 착각에 빠진다. 이래서는 삼성전자에 투자할 수 있을지 모르겠다.

의사에게는 의사들이 쓰는 전문 의학용어를 비롯한 그들만의 언어가 있다. 변호사에게는 법조계 인사들이 쓰는 법률 용어로 된 언어가 있다. 기업체 사장은 열심히 일하고 기업을 키우는 것이 전부가 아니다. 기업의 언어인 재무제표와 회계를 배워야 한다. 평소에는 이런 것을 몰라도 살아가는 데 아무 문제가 없다.

횡단보도를 건널 때 교통신호를 지키지 않으면 경찰에게 잡혀 벌금을 낸다. 경찰 마음대로 벌금을 물리는 건 아니다. 법에 근거한 벌금이다. 건물을 지을 때도 마찬가지다. 100평 토지에 100층짜리 건물을 세울 수 없다. 법으로 규정하고 있기 때문이다. 식당을 차릴 때도 식품위생법에 따라 규제받고 지켜야 할 것이 있다.

이것들이 전부 가진 자의 언어다. 일반 사람들은 몰라도 일상생활을 하는 데 문제가 되지 않는다. 아프면 의사를 찾아가고 법적인 문제가 생기면 변호사를 찾아가면 된다. 하지만 그들끼리 쓰는 언어로 설명하기 때문에 알아듣기 힘들다. 물론 가진 자의 언어를 전부 알아야 할 필요는 없다. 가진 자의 언어 중 일부를 적당히 알아듣고 이해할 수 있으면 된다.

삼성전자 이재용 부회장은 법적인 용어를 잘 몰라도 된다. 외우거나 이해하려고 노력하지 않아도 된다. 법무팀에서 법적인 용어로 가득한 말과 글을 쉽게 풀어 알려주기 때문이다. 병원에 입원했을 때도 마찬가지다. 의사들이 일반인도 쉽게 알아들을 수 있는 말로 쉽게 풀어서 건강 상태를 알려준다. 반면에 기업 수장인 이재용 부회장은 재무제표라고 불리는 기업의 언어는 누구보다 잘 안다.

국회의원이나 사회 지도층에는 법조계 인사가 많다. 우리는 전혀 의식하지 않고 살고 있지만 사실 우리가 하는 모든 것은 법과 관련이 있다. 아주 사소한 것들도 촘촘하게 법으로 규정되어 있다는 것을 알게 되면 깜짝 놀랄 것이다. 법조계 인사들은 가진 자의 언어를 잘 알고, 이를 활용하여 부자들이 궁금해하는 걸 알려주고 돈을 번다.

드라마 《뿌리 깊은 나무》에서 세종대왕이 한글을 창제할 때 많은 유생이 이를 반대했다. 근본적인 숨은 뜻은 바로 자신들만 헤게모니(hegemony)를 쥐고 있고 백성들에게 넘겨주지 않겠다는 것이다. 자신들만 글을 읽고 쓰고 이해하면 된다. 아랫것들에게 알려줄 필요도 없던 글을 모두가 읽고 이해한다는 사실에 무의식적으로 반대한 것이다.

지금처럼 종이가 흔하지 않던 시절에는 양피지에 글을 남겼다. 짐승의 가죽에 글을 쓰는 것이라 많이 쓸 수도 없었고 여러 개를 남길 수도 없었다. 그래서 상류층은 자손들에게 중요한 내용을 암기하게 했다. 이렇게 어릴 때 암기한 내용은 가진 자들끼리 대대로 내려오는 비급이 되어 고급정보로 활용되었다.

종이의 보급과 인쇄술의 발달로 이제는 글만 읽을 줄 알면 누구나 정보와 지식을 얻을 수 있는 시대가 되었다. 인터넷의 발달로 자신이 알고 있는 지식을 무한정 공짜로 보급할 수 있는 시대다. 읽어도 이해하기 어려운 고급정보를 쉽게 풀어 쓰는 사람도 많다. 누구나 쉽게 지식을 접하고 읽을 수 있게 되었다. 최근에는 유튜브 등의 영상매체를 통해 훨씬 쉽게 전문 영역을 배우고 받아들일 수 있다.

지금 모습 그대로 현상 유지만 해도 평생 살아가는 데 지장 없다면, 더 이상 배우지 않아도 아무런 문제가 없을지도 모른다. 하지만 가진 자의 언어는 당신이 창업할 때 필요하고, 직장에서 더 높은 지위에 올라갈 때도 필요하다. 투자할 때는 말할 것도 없다. 지금과 다른 인생을 살고 싶다면 가진 자의 언어는 필수이고 피할 수 없는 선택이다.

주식 투자를 할 때 재무제표에 나온 숫자와 용어의 의미를 모른다면 까막눈으로 알지도 못하는 기업에 투자한다는 뜻이다. 창업할 때 관련 법규를 모르면 언젠가 사업장이 법적 문제로 고생을 겪을지도 모른다. 연봉계약을 할 때 노동법을 모른다면 제대로 된 표준 계약을 하지 못한다는 의미다. 부동산 거래를 할 때 관련 법규를 모른다면 사기를 당할 가능성이 농후하다.

그동안 가진 자의 언어는 그들끼리 통용되고 활용되었다. 일반인들은 그들의 언어를 알고 싶어도 알 수 없었다. 가진 자의 언어를 모르면 멍하니 눈 뜬 채로 당한다. 내가 왜 당하는지도 모른다. 자신이 부당하게 취급받는다는 사실도 모른다. 그러니 아주 조금이라도 가진 자의 언어를 배우도록 하자. 조금만 알면 대처할 수 있다. 당하고 나서 억울하다고 외치는 사람이 되지 말자.

이제 가진 자의 언어는 그들만의 전유물이 아니다. 누구나 노력하면 어렵지 않게 배울 수 있다. 당신이 성공하고 부자가 되고 싶다면 가진 자의 언어를 습득해야 한다. 그 정도 노력도 하지 않으면서 부자가 되겠다고 꿈꾸지 말아야 한다.

돈을 잘 버는 사람들 대부분은 가진 자의 언어를 습득했다. 그들은 가진 자의 언어를 활용해서 부를 이뤘다는 사실을 알아야 한다. 예전보다 덜 하지만 사람들은 여전히 의사, 변호사, 회계사가 되려고 한다. 이유는 간단하다. 소득이 높아서 부자가 될 가능성이 높기 때문이다. 가진 자들과 가깝게 지낼 확률도 높다. 가진 자들의 언어를 알아듣고 변화에 미리 대처하여 남들보다 앞설 수도 있다.

오늘도 신문, TV 뉴스, 각종 미디어에 수많은 기사가 넘쳐난다. 기사는 가진 자의 언어로 표현된다. 일반인들은 도대체 무슨 이야기인지 이해하기 어렵다. 가진 자의 언어를 배운 후에 다시 기사를 읽어 보라. 그제서야 당신은 가진 자의 생각을 읽고 그들을 따라 할 수 있을 것이다.

처음에는 가진 자의 언어를 배우는 것이 힘들고 어렵다. 하지만 그토록 원하는 부자가 되려면 가진 자의 언어를 알아야만 한다. 가진 자들이 바로 내 앞에서 떠들며 알려줘도 가진 자의 언어를 알아듣지 못하고 천진난만한 미소만 짓고 있을 것인가. 보고 들어도 전혀 이해하지 못하는 상태로 살고 싶은가. 가진 자의 언어를 배우고 익혀 활용하는 사람만이 부자의 생각과 시야를 얻을 수 있다.

안전 마진

"1달러 지폐를 40센트에 산다는 생각이 사람들에게 즉시 통하는지, 아니면 전혀 먹혀들지 않는지 매우 궁금하다. 이것은 예방주사와 같다. 만약 그러한 생각이 어떤 사람에게 통하지 않는다면, 나는 여러분들이 그 사람에게 수년간 이야기하고 기록들을 보여줄 것이라는 것을 안다. 이것과 마찬가지이다. 그들은 그토록 간단함에도 불구하고 그러한 개념을 모르는 것처럼 보인다. MBA교육을 받지 않은 릭 게린과 같은 친구는 가치에 투자하는 방법을 즉시 이해하고 5분 만에 적용했다. 나는 이러한 방법을 10년 동안 점진적으로 받아들이는 사람을 본 적이 없다. 그것은 IQ나 학문적인 훈련의 문제는 아닌 것 같다. 그것은 순간적으로 이해하거나 그렇지 않으면 아무것도 아닌 것이다."

벤저민 그레이엄 《현명한 투자자》 중

안전마진은 영어로 'Margin of Safety'다. 쉽게 표현하면 싸게 산다는 의미다. 1,000원짜리 물건을 600원에 사는 건 무려 400원이나 할인된 가격으로 산다는 뜻이다. 똑같은 제품을 제 가격에 살 수도 있지만 할인할 때 구입하면 훨씬 이득이다. 가전제품을 남들보다 먼저 구입하는 패스트 팔로워(Fast Follower)가 있다. 이들은 제 가격을 주고 산다. 반면에 어떤 사람은 참고 참으며 기다리다 할인할 때 산다. 빨리 사든 늦게 사든 제품의 성질이나 기능은 달라지지 않는다. 쌀 때 구입하는 것이 금전적으로 훨씬 유리하다는 건 말할 필요도 없다.

나는 우리나라 역사상 가장 많은 부자가 탄생한 시기는 IMF 외환위기 직후라고 본다. 승승장구하던 많은 기업과 개인이 무리한 확장과 차입으로 몸집을 불렸었다. IMF 외환위기로 그들은 하루아침에 망하고 말았다. 수없이 많은 기업과 자산이 헐값으로 시장에 쏟아져나왔다. 시장에는 피투성이 매물이 잔뜩 널려 있었다.

높은 가격으로 부유층의 상징이 된 타워팰리스마저도 미분양이 날 정도였다. 액면분할 전 주가 기준으로 주당 100만 원이 넘는 주가를 기록했던 롯데칠성도 몇만 원 수준으로 폭락했었다. 기업이나 부동산의 본질 가치는 변하지 않았는데 심리에 휘둘려서 가격만 폭락한 경우가 많았다. 모두가 공포에 떨었다.

당시 용기를 내서 폭락한 가격에 주목한 사람들이 있었다. 이들이 주목한 건 본질은 변하지 않았다는 점이다. 2억 원에 거래되던 30평대 아파트가 순식간에 1억 원까지 떨어졌다. 가격이 변한 것 이외에 사람들이 거주하는 아파트라는 본질은 변함이 없었다. 용기를 내서 투자한 사람들은 모두 부자가 되었다.

안전마진도 이와 같다. 저렴하게 구입한 덕분에 가격이 더 하락하더라도 손해를 적게 볼 가격에 매입했다는 뜻이다. 물건가격이 1,000원인데 600원에 샀으니 가격이 조금 더 하락해도 버틸 수 있다. 아무리 잘못되더라도 가격 하락에는 한계가 있다. 따라서 손해 볼 확률보다는 이익을 볼 확률이 좀 더 크다. 싸게 산 덕분이다.

가치 투자의 시조인 벤저민 그레이엄이 이 개념을 처음으로 정립하여 투자에 적용했다. 워런 버핏이 투자할 때 가장 중요하게 여긴 방법이다. 버핏은 안전마진이 담보된 투자 방법인 '담배꽁초 투자(cigar-butt investing)'로 손해를 최소화하여 작은 이익이라도 남길 수 있었다. 담배꽁초라도 한 모금 정도 피울 수 있는 여력은 남아 있기 때문이다. 저가에 매수한다면 작은 이익이라도 볼 수 있다는 뜻이다.

모든 사람이 수긍할 만한 투자에 대한 명확한 정의는 없다. 그런 이유로 안전마진은 투자와 투기를 가르는 기준이 될 수 있다. 사고파는 거래만으로 수익을 내는 사람이 투자(투기)할 때 안전마진은 고려 대상이 아니다. 그러나 안전마진이 확보된 투자를 해야 진정한 투자라고 할 수 있다.

부자들이 가장 중요한 핵심으로 여기는 건 바로 싸게 사는 것이다. 부자들은 싸게 살 수 있을 때까지 무조건 기다리고 또 기다린다. 어설프게 움직여서 투자금이 묶이고 손해 보지 않는다. 싸게 살 수 있을 때까지 기다리고 또 기다린다. 그런 후에 무서울 정도로 게걸스럽게 먹어 치운다. 안전마진을 확보하면 손해 볼 확률이 극히 적다는 것을 알기에 탐욕스럽게 최대한 욕심을 채운다.

엄청난 이익을 내는 대기업들이 있다. 조 단위의 이익을 내는데 이익금을 전부 이익잉여금으로 가지고 있다. 엄청난 현금을 보유하고 있지만 투자는 하지 않는다. 한국의 대기업은 IMF 외환위기 때 차입으로 무리한 확장을 하다 실패한 경험이 있기 때문이다. 이제는 싸게 살 수 있는 환경이 되어야만 움직인다.

가면 갈수록 부자들은 더 부자가 되고 있다. 이들은 급할 필요가 없다. 굳이 제 가격에 살 이유도 없다. 아무리 좋은 투자라도 가격이 비싸면 사지 않는다. 저렴해질 때까지 기다린다. 결국 급한 놈이 지게 되어 있다. 싼 가격에 매수하니 어지간해서는 손해 보지 않는다. 이런 일이 반복되니 부자들은 자산이 줄지 않고 늘기만 한다.

싼 가격이라 판단하여 매수했더라도 가격이 더 떨어지는 경우는 흔하다. 그렇더라도 충분히 저가에 매입한 자산은 일정 가격 이하로 떨어지지 않는다. 따라서 과도한 가격 하락을 경험할 가능성이 희박하다. 우리는 바닥에 사려고 하지 말고 무릎 정도에 사면 된다. 가격이 발목이나 발바닥까지 떨어지기를 기다리면 그때는 실제로 매수할 수 있는 자산이 거의 없기 때문이다.

안전마진을 확보한다는 건 손해를 최소한으로 줄일 수 있다는 뜻이다. 워런 버핏이 듣자마자 이해하고 5분 만에 적용할 수 있다고 할 정도로 단순하다. 하지만 안타깝게도 사람들은 안전마진을 확보하려는 노력을 좀처럼 하지 않는다. 혹자는 이렇게까지 표현한다. "아무리 쓰레기 같고 누구도 거들떠보지 않는 자산이라도 싸게만 산다면 무조건 돈이 된다." 농담으로 싸면 똥도 산다고 한다. 싸게 산 똥은 거름으로 팔 수도 있으니 말이다.

같은 회사의 같은 브랜드 라면을 1,000원에 파는 마트와 500원에 파는 마트가 있다면 어디서 구입하겠는가? 물어보지 않아도 대답은 뻔하다. 이처럼 안전마진은 1,000원짜리를 500원에 구입하는 것이다. 더 이상 손해 보지 않을 가격에 잡는 것이다. 정확하게는 손해를 최소화하는 마지노선이다.

당신이 어떤 선택을 하든 무조건 안전마진이라는 원칙을 지켜라. 수익이 100% 확실한 건 아니지만 손해를 덜 볼 가능성은 100% 확실하다. 안전마진을 지키면 스트레스를 덜 받으며 자산을 늘릴 수 있다.

안전마진을 꼭 기억하라!

경제적 해자

과거에는 적의 침입을 방어하기 위해 성을 구축했다. 성은 출입구가 정해져 있어 적이 쉽게 침입하기 어렵다. 그렇지만 약간의 희생이 필요할 뿐 성 함락이 불가능한 건 아니었다. 대규모 군대가 쳐들어가면 성 정도는 쉽게 함락시킬 수 있었다. 성은 소규모의 적을 쉽게 물리칠 수 있지만 대규모 군대는 막기 힘들었다.

적을 확실히 막기 위해 성벽을 따라 땅을 파고 이곳에 물을 채워 넣었다. 적이 성을 함락하려면 성벽 주변의 물을 지나갈 방법을 마련해야만 했다. 이런 성을 함락하는 건 쉽지 않다. 이처럼 성을 지키기 위해 성 주변에 땅을 파고 물을 채워 넣은 것을 해자(垓子/垓字)라고 한다. 방어를 위해 만든 연못이라 봐

도 무방하다. 해자로 둘러싸인 성은 난공불락의 요새가 된다. 이런 성을 점령하려면 엄청난 출혈을 감수해야만 한다.

이러한 해자를 투자에 적용해 크게 성공한 이가 있으니 바로 '워런 버핏'이다. 워런 버핏이 매년 발행하는 버크셔 헤서웨이 연례보고서에서 처음 언급하면서 사람들에게 알려졌다. 경쟁사가 따라 하기 힘든 독점적인 경쟁력을 갖고 있을 때 이 기업은 경제적 해자(Economic Moat)를 갖고 있다고 한다. 한마디로 진입장벽이 있어 다른 기업이 쉽게 이 분야로 진입하기 힘들다는 뜻이다. 해자는 기업이 안정적으로 성장할 수 있는 밑바탕이 된다.

1998년 우리나라에 '815 콜라'가 출시되었다. 미국의 코카콜라에 대항하기 위해 순수 국내 자본으로 만들었다. 약간의 애국 마케팅으로 한때 사람들의 관심을 받고 제법 팔렸다. 그러나 결국 코카콜라를 뛰어넘지 못했다. 점유율은 물론이고 판매량도 비교가 되지 않아 815 콜라는 사업을 접고 말았다. 815 콜라는 맛에서 호불호가 갈렸고 톡 쏘는 품질이 들쭉날쭉했다. 망했던 815 콜라는 그 이후에도 몇 번 재출시가 되었으나 여전히 사람들에게 선택받지 못하고 있다.

눈가리개를 한 후에 코카콜라와 펩시콜라의 맛을 비교한 적이 있었다. 많은 사람들이 콜라 맛을 정확하게 비교할 수 있다고 자신했다. 사람들에게 둘 중 더 맛있는 콜라를 고르게 했다. 결과는 놀라웠다. 대부분이 펩시를 더 맛있는 콜라로 선정했다. 펩시는 이 조사 결과를 대대적으로 마케팅했다. 그러나 블라인드 테스트 결과와 달리 사람들은 여전히 코카콜라를 더 많이 마셨다.

이런 것이 바로 경제적 해자에 해당한다. 펩시콜라가 더 맛있었을지는 모르지만 '콜라' 하면 떠오르는 건 코카콜라다. '코카콜라' 하면 저절로 타는 갈증을 해소하는 이미지가 떠오른다. 코카콜라의 이미지는 사람들에게 선명하게 각인되어 있다. '코카콜라'라는 브랜드 자체가 콜라를 대표한 덕분에 경제적 해자가 된 것이다.

경제적 해자는 브랜드, 특허, 라이선스, 독과점, 탁월한 원가 우위, 믿을 수 있는 AS, 신뢰할 수 있는 CEO 등으로 다양하다. 경제적 해자는 고객이 그 기업을 선택하게 만드는 요인이 된다. 평생 지속되는 경제적 해자는 드물지만 우리는 오랫동안 유지되는 경제적 해자를 보유한 기업이나 자산에 투자하려고 노력해야 한다. 단기적 또는 일회성 경제적 해자에 속아서도 안 된다.

똑같은 핸드백, 가방, 볼펜, 만년필이 단지 유명한 브랜드를 달았다는 것만으로도 엄청난 고가에 팔린다. 사람들은 유명 브랜드라는 이유만으로 고가에도 아랑곳하지 않고 기꺼이 비싼 값을 지불한다. 브랜드라는 경제적 해자는 사람들의 돈을 집어삼키는 괴물이다. 사람들은 남과 다르기 위해 많은 것을 포기하고 구입한다.

퀄컴(Qualcomm)이라는 기업이 있다. 무선전화기에 들어가는 칩을 연구하고 개발하는 기업이다. 퀄컴은 핸드폰에 꼭 필요한 칩에 관한 원천기술을 갖고 있고 특허로 돈을 버는 기업이다. 핸드폰 제조사에게 받는 로열티만으로도 엄청난 돈을 번다. 퀄컴의 경제적 해자는 바로 특허다. 퀄컴의 원천기술을 쓰는 회사는 무조건 일정액의 로열티를 지급해야 한다. 핸드폰이 많이 판매될수록 퀄컴의 이익도 늘어난다.

예전에 아파트 이름은 그저 건설사의 명칭일 뿐이었다. 아파트 이름은 해당 아파트를 찾아가기 위한 목적이 더 컸다. 이제는 아파트도 브랜드 시대이다. 어떤 브랜드의 아파트인지에 따라 집값의 차이가 크다. 수천만 원에서 수억 원이나 차이가 난다. 아파트 자체로는 변별성이 없어서 건설사들이 차별화 요소로 브랜드를 강조했기 때문이다. 여기에는 건설사의 이미지 메이킹이 한몫했다는 사실을 잊지 말아야 한다.

자영업자나 프리랜서도 남들과 다른 자신만의 차별성을 가져야만 오래도록 시장에서 살아남을 수 있다. 사람들은 싼 가격, 음식 맛, 믿고 신뢰할 수 있는 품질, 다른 곳에서 얻을 수 없는 경험을 원한다. 살아남으려면 고객이 다른 매장이나 사람을 찾지 않고 나를 찾아오게 만들어야 한다. 나만의 해자를 갖고 있어야 한다.

사업을 할 때 경제적 해자는 차별성을 선사하는 중요한 요소이다. 경제적 해자를 가졌다는 건 어지간해서는 망하지 않고 사업을 할 수 있다는 뜻이다. 투자할 때도 마찬가지다. 우리는 경제적 해자가 있는 기업에 투자해야 한다. 경제적 해자를 가진 기업은 쉽게 망하지 않기 때문이다. 투자할 때 싼 가격으로 매수하는 건 중요하다. 하지만 경제적 해자가 없는 기업의 미래는 불투명하다는 것을 잊으면 안 된다.

경제적 해자는 남들이 흉내 낼 수 없는 무언의 요소도 포함한다. 오랜 시간 쌓아온 개인의 신뢰성만으로 그 사람을 믿고 제품을 구입하는 경우도 여기에 해당한다. 최근에는 '인플루언서'라고 하여 블로그, 유튜브, 인스타그램 등으로 유명한 이들이 있다. 사람들은 인플루언서의 인지도만 믿고 그가 추천하는 제품을 구입한다. 이것도 그 사람만이 갖는 경제적 해자이다. 다소 얄팍하긴 하지만 말이다.

경제적 해자는 얻기도 쉽지 않지만 잃기도 쉽지 않다. 사람들이 하루아침에 애용하는 제품을 바꾸지 않기 때문이다. 거의 맹목적으로 아무런 의심도 하지 않고 해당 회사의 신제품이 나올 때마다 구입하는 경우도 많다. 한번 경제적 해자를 얻으면 엄청난 힘을 획득하여 어렵지 않게 충성 고객을 만들 수 있다.

엄청난 자금력을 가진 기업도 경제적 해자는 쉽게 만들 수 없다. 누구도 범접할 수 없는 경제적 해자를 갖춘다면 당신의 인생은 성공한 것이나 마찬가지다. 자금력으로도 살 수 없는 무형의 경제적 해자는 누구도 빼앗아 가지 못한다. 나를 부자로 만들어 주는 황금알 낳는 거위다.

이 글을 읽는 당신도 자신만의 경제적 해자를 가지려고 노력해야 한다. 남들이 따라 할 수 없는 자신만의 경제적 해자를 만들어야 한다. 그래야만 부자의 길에 확실히 들어설 수 있다. 경제적 해자는 부자의 대열에서 낙오하지 않게 만드는 든든한 동아줄이다.

지금부터 고민하고 연구하고 노력해서 경제적 해자를 가진 기업과 자산에 투자하자. 아울러 자신만의 경제적 해자를 갖추도록 하자!

가격과 가치

근처에 사는 사람과 거래할 수 있게 해주는 '당근마켓'이라는 앱이 있다. 이곳에서는 별의별 것들이 거래된다. 그런데 팔고자 하는 사람이 내놓은 가격과 사고자 하는 사람이 원하는 가격에 큰 차이가 나는 일이 많다. 어떤 사람(이하 판매자)이 이벤트에 당첨되어 받아 한 달 정도 사용한 갤럭시 Z플립4를 팔려고 80만 원에 내놓았는데 아무에게도 연락이 오지 않았다.

판매자는 새 제품이 대략 90만 원 정도에 판매된다는 것만 생각했다. 하지만 아무리 신품과 다름없다고 해도 이미 개봉한 제품은 중고품이다. 판매자는 이 제품의 중고 가격이 얼마에 형성되었는지 전혀 알아보지 않았다. 새 제품이나 다름없어도 사람들에게는 중고품이나. 판매자는 그에 맞는 가격을 파악해서 당근마켓에 내놓았어야 했다.

자신이 생각하는 가치보다 저렴하게 시장에 내놓아도 사람들이 생각하는 가격과 동떨어지면 아무도 거들떠보지 않는다. 사람들이 생각하는 가치보다 비싸기 때문이다. 이처럼 가치와 가격은 자주 일치하지 않는다. 내가 생각하는 가치와 사람들이 생각하는 가치는 다를 때가 많다. 이렇게 괴리가 발생하니 가격으로 대변되는 가치에 불균형이 생기고 가격 갭이 벌어진다.

　가치는 영원히 지속되지 않고 가격도 고정불변이 아니다. 자동차를 구입하면 그 즉시 감가상각이 일어난다. 옵션을 많이 넣어 최대한 자동차의 가치를 올렸다고 해도 마찬가지다. 자동차를 보유하는 내내 감가상각이 일어난다. 나중에는 수리비가 더 비싸게 느껴질 수도 있다. 폐차하려면 돈이 들어가니 누군가에게 무료로 넘기는 것이 훨씬 이득이다. 이동 수단이라는 가치 자체는 변함이 없지만 가격은 변한다.

　새 아파트가 건설된다. 건설이 완료되고 사람들이 입주를 시작한다. 아무리 아파트를 아끼고 잘 꾸며도 시간이 지나면 감가상각이 일어난다. 사람들이 거주하기 위한 공간이라는 아파트의 가치 자체는 변함이 없다. 건물은 서서히 노후화되며 감가상각이 일어나지만 토지 공시지가는 계속 오르기만 한다. 아파트는 노후하고 수도에서는 녹물이 나오고 외벽에는 금이 간다. 사람들이 살기 불편해진다. 신기하게도 아파트 가격은 별다른 차이가 없다. 어느 날 재건축 이야기가 나오더니 순식간에 가격이 20%나 뛰는 현상을 경험한다. 거주 공간이라는 가치는 변한 게 없는데 가격은 등락을 반복한다.

　물은 우리가 생존하는 데 꼭 필요한 물질이다. 물을 마시지 않으면 죽는다. 매일 씻지 않으면 몸에서 냄새가 나고 찝찝하다. 이렇게 중요한 물이지만 편의점에서 파는 생수는 천 원 수준이다. 집에서 수돗물을 마음껏 써도 한 달 사용료 몇만 원이면 충분하다.

반면에 없어도 생활에 전혀 지장이 없는 다이아몬드는 물과 비교되지 않을 정도로 고가이다. 생수를 몇백 년 동안 마실 수 있는 가격으로 거래된다. 다이아몬드가 없어서 죽는 사람은 없다. 다이아몬드를 가진 사람도 극히 드물다. 진짜 다이아몬드를 본 사람도 적다.

물은 사람에게 생존이라는 엄청난 가치를 지니고 있다. 안타깝게도 물은 실제 가치에 비해 제대로 된 가격으로 거래되지 않는다. 다이아몬드는 사람이 생존하는 데 필요 없지만 '다이아몬드는 영원하다'라는 마케팅을 통한 희소성 강조가 통했다. 사람들은 다이아몬드의 가치를 높게 보고 기꺼이 높은 가격을 지불하고 구입한다.

언젠가 물이 귀중한 시대가 오면 사람들은 물을 찾으려고 노력하게 된다. 물 한잔을 마시려고 다이아몬드를 기꺼이 처분할 것이다. 물이 부족한 시대에는 다이아몬드 한 개와 물 한잔을 거래하지는 않을 것이다. 다이아몬드의 가치가 물에 비해서 형편없어졌기 때문이다.

견우와 직녀가 일 년에 딱 한 번 만나는 것처럼 가치와 가격이 일치하는 경우는 드물다. 언제나 가치에 비해 가격이 싸거나 비싸다. 가치에 맞는 적정가격으로 거래되는 일은 흔하지 않다. 그런 순간은 아주 잠시일 뿐이다. 순식간에 가치와 가격은 멀어지고 괴리가 생긴다. 가치와 다르게 가격은 늘 요동친다. 현실에서 가치와 가격이 일치하는 순간은 찰나라고 할 정도이다.

가치에 비해 가격이 저평가되었을 때 불황의 시기기 도래하고, 가치에 비해 가격이 고평가되었을 때 버블이 생긴다. 18세기에 자본주의가 본격적으로 도입된 이후 언제나 호황과 불황이 반복되었다. 불황의 시기가 오면 사람들은 이제 모든 것이 끝났다며 공포에 휩싸인다. 호황의 시기가 오면 이번에는 기회를 놓치면 안 된다며 탐욕에 불타오른다.

똑같은 현상과 사물을 보지만 사람들이 각자 판단하는 가치와 가격은 모두 다르다. 각자 생각하는 가치가 다르니 지불하려는 가격도 다르다. 자신이 생각할 때 가치가 형편없다면 어지간한 가격으로는 구입하려 하지 않는다. 반대로 높은 가치를 지녔다면 가격이 비싸더라도 무리해서 구입하려고 한다.

각자의 가치관과 판단에 따라 가치와 가격 사이에 괴리가 생긴다. 각자 보유한 부와 부여한 의미에 따라 가치가 달라진다. 누군가는 가치에 비해 가격이 너무 비싸다고 생각하여 쳐다보지도 않는다. 누군가는 가치에 비해 가격이 좀 비싸더라도 제값을 주고 매수하기도 한다.

자신의 관점만으로 가치를 파악하면 안 된다. 내가 생각하는 가치는 남들과 다를 수 있다. 사업을 보는 눈도 없고 투자해 본 적도 없으면서 나만의 관점으로 가치에 비해 싼지 비싼지 쉽게 판단하면 안 된다. 내 생각과 다르게 가치에 비해 비싸게 느껴지는 가격이 정답일 수도 있고, 가치에 비해 싸게 느껴지는 가격이 정답일 수도 있다. 세상 사람들은 바보가 아니기 때문이다.

특히 내가 인정할 수 없는 가격에 부자가 자산을 매수한다면 부자의 관점에서 가치를 파악해야 한다. 부자들은 가치와 가격의 차이를 정확하고 냉정하게 파악하여 자산을 취득한다. 가치에 비해 고평가된 가격으로 취득하려 하지 않는다. 가치에 비해 비싸 보여도 그 가격에 매수하는 이유가 있다. 가치가 형편없다고 생각되어 투자 대상으로 적합하지 않아 보이는 자산이 있다. 그런데도 그걸 매수하는 사람이 있다면 반드시 그 이유를 알아봐야 한다.

항상 가치와 가격은 차이가 난다는 것을 마음속 깊이 새겨야 한다. 가치는 내가 판단하는 것이고 가격은 남이 제안하는 것이라는 이야기도 있다. 내 판단과 상관없이 다른 사람들이 생각하는 가격이 정답이라는 이야기도 있다. 사람들은 그 가격을 지불하고 있으니 말이다. 내가 생각하는 가치와 가격이 다를 때 이익을 보거나 손해를 볼 수 있다.

뭔가를 매수하기 전에 늘 가치와 가격을 유념해야 한다. 지금 내가 가치를 제대로 판단하고 있는지, 적정가격인지 따져봐야 한다. 사람들이 가치를 제대로 파악하지 못했을 때 싼 가격에 취득하는 것이 최상의 거래다. 제대로 된 가치를 파악하려는 노력을 게을리하면 안 되는 이유다.

우리는 눈앞에 제시되는 가격에 영향을 받을 수밖에 없다. 그 가격을 인정하기 싫어도 사람들이 합의하여 거래되고 있기 때문이다. 가치를 바라보는 눈은 모두 다를 수밖에 없다. 눈앞에 뭐가 있든지 그 본질을 제대로 파악하는 능력을 갖춰야 한다. 가격에 휘둘리지 말고 가치를 제대로 파악하려고 노력하라. 당신만이 볼 수 있는 가치로 정한 가격에 매수하면 시장에 휘둘리지 않고 수익을 낼 수 있을 것이다.

역발상 투자

"강세장은 비관 속에서 태어나 회의 속에서 자라며 낙관 속에서 성숙해 행복 속에서 죽는다. 기억하라. 최고로 비관석일 때가 가장 좋은 매수 시점이고 최고로 낙관적일 때가 가장 좋은 매도 시점이다."

존 템플턴

2차 세계 대전이 한창일 때 한 젊은이가 객장에서 1주에 1달러 미만으로 거래되는 모든 상장기업의 주식을 매수했다. 그는 1939년 당시 돈으로 10,000달러를 빌려 투자했다. 이 젊은이의 이름은 존 템플턴이다. 전쟁 때문에 미국과 유럽의 많은 투자자가 공황 상태에 빠져 절망에 휩싸여 있었다. 템플턴은 금이나 채권 같은 안전 자산에 돈을 넣어두지 않았다. 그는 뉴욕 증권거래소에 상장된 모든 기업 중 주가가 1달러 이하인 104개 기업의 주식을 각각 100주씩 매수했다. 그것도 빌린 돈으로 말이다. 104개의 기업은 대부분 신생기업이고 당시에는 혁신적인 산업군에 속한 기업이었다.

4년 후 이 기업 중 34개 기업이 도산했다. 템플턴은 4년 동안 포트폴리오에 편입한 기업의 가격 출렁임을 철저히 무시했다. 그 결과 그의 투자 금액은 4배가 되었다. 남들이 공포에 떨고 있을 때 투자를 결정하여 거둔 성공이었다. 1980년대에 템플턴은 미국이 고평가되었다고 판단하고 전 세계로 투자 대상을 넓혔다. 남들보다 먼저 일본에 관심을 가지고 매수하여 큰 수익을 올렸다. 마찬가지로 남들이 한국을 거들떠보지 않을 때 선점하여 큰 수익을 냈다.

앞서 IMF 직후에 가장 많은 부자가 탄생했다고 이야기했다. 당시 사람들은 주택을 더 이상 보유의 개념이 아니라 거주의 개념으로 생각했고, 주식은 투기꾼의 투기장이라 여길 뿐이었다. 사람들은 공포에 떨며 두려워하였고 자산시장을 쳐다보지도 않았다. 그러나 어떤 사람은 공포를 이겨내고 시장에 저가로 쏟아진 자산을 이삭줍기하듯 헐값에 주워 담았다.

결과론적인 이야기지만 당시에 과감하게 역발상 투자를 실행한 사람들은 상당한 자산을 축적하여 부자의 대열에 합류했다. 떨어질 대로 떨어진 가격을 보면서 불안한 마음은 모두 똑같았다. 물론 실행한 결과가 좋게 나왔을 뿐이라고 비아냥댈 수도 있다. 그러나 분명한 건 이들이 승리자가 되었다는 사실이다. 역사가 이를 증명한다.

역발상은 사람들과 다른 생각을 하거나 실행에 옮기는 것을 말한다. 군중심리를 따르지 않는다는 뜻이다. 이런 광고가 있었다. "남들이 모두 '예'라고 할 때 '아니오'라고 말하며, 남들이 모두 '아니오'라고 할 때 '예'라고 외치겠습니다." 남들과 똑같이 하는 게 꼭 올바른 길도 아니고 정답도 아니라는 의미다.

역발상은 엄청난 용기가 필요하다. 남들에게 비난과 조롱을 받을 각오도 해야 한다. 남들이 무서워서 던지는 물건을 기쁜 마음으로 거둬들이는 배짱도 필요하다. 남들이 잡으려고 난리가 났을 때 더러운 걸 피하듯이 한발 물러나는 인내심도 필요하다. 남들과 다른 길을 가는 건 쉽지 않은 일이다.

남들이 살 때 무조건 팔고, 남들이 팔 때 무조건 사는 건 역발상이 아니다. 그것은 역발상이 아니라 무모함이고 객기이다. 남들과 반대로 하려면 엄청난 용기가 필요하다. 철저하게 분석하고 냉정하게 시세를 파악해야 한다. 현재 벌어지는 현상의 본질이 무엇인지 정확하게 인지해야만 역발상이 가능하다. 무엇보다 남들과 다른 시선으로 사물을 보는 눈을 길러야 한다.

모든 사람이 한 가지에 집중하느라 다른 면을 보지 못할 때가 있다. 이럴 때 반대 면을 보는 것만으로도 기회를 잡는 경우가 종종 있다. 이런 것도 역발상이라 할 수 있다. 19세기 미국의 황금시대 때 너도나도 황금을 캐기 위해 서부로 서부로 이동했다. 캘리포니아에 금이 엄청나게 매장되어 있다는 소문이 돌았다. 일확천금을 꿈꾸는 수많은 사람이 몰려갔다. 엄청나게 몰려든 사람들 때문에 금을 찾는 건 쉽지 않았다. 캘리포니아는 건조한 기후라 물도 무척이나 귀했다.

황금을 캐기 위해 뛰어든 젊은이 중에 열일곱 살이 된 아무르가 있었다. 그는 금을 찾기 위해 동분서주했지만 아무런 성과도 없이 배를 곯기 일쑤였다. 게다가 물까지 부족하자 아무르는 황금이 아니라 물에 집중하기 시작했다. 모두 황금을 찾으려고 동분서주하느라 목이 말랐다. 물이 부족하니 사람들은 돈을 주고라도 물을 구했다.

아무르는 이에 착안해서 사금 채취를 그만두고 물을 캐려고 노력했다. 아무르는 물을 캐서 정제하여 팔기 시작했다. 늘 물이 부족했기에 사람들은 그에게 물을 사 먹기 시작했다. 금을 캐려고 전국에서 모여든 사람들은 빈손으로 고향에 돌아갔지만 물을 정제해서 판 아무르는 당시 금액으로 6,000달러(1800년대 후반이라는 걸 기억하자)나 되는 금액을 벌었다. 그의 물은 금이나 다름없었다.

2000년대 중반 재건축, 재개발 열풍이 불던 때가 있었다. 당시 서울을 비롯한 수도권 주택은 하루만 자고 일어나면 가격이 올랐다. 사기만 하면 올라가는 집값에 사람들은 신나서 대출을 끼고 매수했다. 당시에는 누구나 부동산은 서울을 비롯한 수도권에 투자해야 한다고 믿었다. 재건축, 재개발이 예정된 주택을 사면 부자의 대열에 합류했다는 느낌마저 들 정도였다.

필자의 지인은 도저히 그 가격을 이해할 수 없었다. 수도권은 너무 과도하게 올랐다고 판단하였다. 지인은 지방으로 눈을 돌려서 발품을 팔았다. 지방은 집값이 저렴했고 매매가격과 전세가격의 차이도 적었다. 집을 사는 데 돈이 거의 들지 않았다. 지인은 돈을 거의 들이지 않고 주택을 여러 채 구입할 수 있었다. 아무도 지방 부동산 투자에 주목하지 않았던 시기에 지방 아파트를 집중적으로 매수했던 것이다.

몇 년 후 금융위기가 터졌다. 서울과 수도권 주택은 과도한 거품이 빠지면서 가격이 크게 하락했다. 이자를 감당하지 못하고 경매로 나온 부동산이 수만 채나 되었다. 지인이 투자한 지방 주택은 전세와 매매가격이 차이가 적고 거품이 없어서 덜 하락했다. 얼마 지나지 않아 지방 주택은 매매가격이 오르기 시작했고 전세가격도 올랐다. 지인은 전세금을 올려받은 돈만으로도 모든 투자금을 회수하고도 남을 정도였다.

당시 주변 사람들은 누가 지방에 투자하냐며 지인에게 핀잔을 주기 일쑤였다. 지인은 이런 소리가 듣기 싫어 나중에는 자신이 투자한다는 사실조차도 알리지 않을 정도였다. 사기만 하면 오르던 서울과 수도권에 투자했던 사람들은 가련한 눈빛으로 지인을 봤다. 그러나 상황이 역전되었다. 시장이 얼어붙으며 서울과 수도권의 매매가는 하락했다. 부동산 거래는 멈췄다. 사람들은 대출을 갚지 못하고 이자에 허덕였다. 지인은 오른 전세금으로 대출을 갚으면서 순자산이 크게 늘어났다.

부자들에게 역발상 투자는 상식에 해당할 정도이다. 남들과는 다른 쉽지 않은 길이지만 늘 역발상을 염두에 두고 투자 자산을 바라본다. 미국의 데이비드 드레먼(David Dreman)은 《역발상 투자》라는 책을 펴내고, 자신의 성공 비결은 역발상 투자였다고 당당히 밝혔다. 서두에 소개한 존 템플턴도 마찬가지로 역발상 투자의 대가였다.

우리가 아는 위대한 투자자의 공통점은 바로 역발상 투자다. 남들이 무서워할 때 탐욕을 부리고, 남들이 탐욕을 부릴 때 공포에 떨며 물러나야 한다. 이를 위해서는 강인한 정신력과 다수에 동참하지 않는 뚝심이 필요하다. 끊임없는 공부도 필수다. 존 템플턴은 이야기한다. "비관론이 팽배할 때 투자하라. 이것은 나의 첫 번째 투자원칙이다."

나는 모른다

눈이나 비가 오는 날보다 안개가 끼거나 흐린 날 발생한 교통사고에서 사망자가 발생할 확률이 훨씬 더 높은 것으로 나타나 각별한 주의가 요구된다. 이와 함께 면허취득 2~3년 차 운전자들이 사고를 낼 경우 사망자 발생률이 높은 것으로 나타났다. 한편 면허취득 후 15년 이상 경과된 운전자들의 상대 사망 사고율이 1.04로 가장 높았으며 2~3년 차 운전자들이 1.03의 상대 사망 사고율을 기록해 상대 사망 사고율이 모두 1.0 미만인 다른 운전자들에 비해 상대적으로 사망자가 발생하는 대형 사고를 많이 발생시키는 것으로 나타났다.

문화일보 '2~3년 차 운전자, 안개 낀 날 사망사고 가장 많다' (2014.01.07.)

운전자가 초보를 막 지났을 때 사고를 가장 많이 낸다는 이야기가 있다. 통계적으로도 그렇다는 사실이 기사로 확인되었다. 초보 운전자는

'초보'라는 스티커를 붙여 다른 운전자가 미리 조심하도록 신경 쓴다. 최근에는 애교 섞인 문구를 넣어 자신이 초보라는 걸 밝히는 일도 많다. 덕분에 다른 운전자가 방어운전을 하며 조심할 수 있다.

2~3년 차 운전자가 큰 사고를 내는 이유는 자신이 운전에 대해 어느 정도 알고 있다고 착각하기 때문이다. 2~3년 차 운전자는 자신감에 차서 안이한 마음으로 운전한다. 안개가 낀 위험한 환경에서는 베테랑 운전자도 조심하는데 자신의 운전실력을 과신하다가 큰 사고가 터지는 것이다.

교만이 생기는 시점은 무엇인가를 막 알고 몇 번 해 본 후다. 처음에는 두렵고 무섭고 어렵다. 내가 잘 할 수 있을지 걱정하며 시작한다. 그러나 막상 해 보면 생각보다 쉽다고 느낀다. 처음에는 돌다리도 두드리면서 조심한다. A부터 Z까지 전부 확인한다. 엄청나게 중요한 것이라 여기며 작은 것 하나도 놓치지 않으려 한다.

경험이 점점 쌓이면서 처음 시작할 때와는 달리 자세하게 들여다보지 않는다. 시간이 지나면서 별것도 아닌 걸 신경 썼다고 생각한다. 초심은 완전히 사라진다. 이제 대충 보고 문제가 없다고 생각되면 더 이상 꼼꼼하게 살피지 않는다. 이럴 때 큰 사고가 갑자기 발생한다. 안개가 낀 위험한 날씨지만 그동안 무사고로 운전했던 얄팍한 경험을 믿고 평소처럼 운전한다. 시야가 제대로 확보되지 않았는데도 무시한다. 안개가 껴서 가시거리가 제대로 확보되지 않는데도 그동안의 경험을 믿고 평소처럼 운전한다. 운전 2~3년 차인 운전자가 사고를 많이 내는 이유다.

투자도 마찬가지다. 처음에는 모르면 절대로 투자하지 않는다. 아는 것이 없다고 생각하기에 조금이라도 의심이 나거나 이상하게 느껴지면 포기한다. 큰 수익을 내지는 못해도 손실을 보지는 않는다. 하지만 한두 번 수익을 내면서 점점 간땡이가 붓기 시작한다. 그동안 자신이 투자했던 방법과 비슷하다고 생각되면 더 이상 주의를 기울이지 않고 그냥 넘어간다. 이럴 때 바로 위험신호가 깜박이지만 무시한다. 지금까지 그랬듯 별문제 없을 것이라고 여긴다.

사람들은 자신이 잘 알고 있다고 생각할 때 문제가 생긴다는 것을 모른다. 처음에는 자신이 잘 모르는 영역이나 분야는 시도할 엄두도 내지 않기에 사고가 터질 일이 없다. 반면에 이제 어느 정도 감이 잡힌다면서 사고가 터질 일이 없다고 자신하는 사람이 있다. 능숙하게 잘할 수 있다면서 자신감에 넘치는 사람이 돌이킬 수 없는 사고를 당한다.

부동산 경매에서 사고를 내고 큰 손해를 보는 사람은 이제 막 부동산 경매를 시작한 사람이 아니다. 이들은 아는 것이 없다고 생각하여 자신이 찾은 물건의 권리를 아주 꼼꼼하게 검토한다. 자신보다 실력이 좋은 사람에게 다시 한번 물어보고 확인한다. 물건지 현장에 가서 부동산중개업소에 들러 중개인이 하는 브리핑을 잘 듣고 기록한다. 경매 법원에 가서 입찰서류를 잘 기재했는지 확인하고 또 확인한다.

이 정도로 조심하며 낙찰받으면 실수하는 일이 없다. 살던 사람을 내보내는 명도 때문에 고생하는 일은 있지만 권리분석이나 물건분석에서 실수하는 일은 거의 없다. 반면에 이제 몇 건 낙찰을 받아 수익을 낸 투자자가 실수를 자주 한다. '대항력 있는 임차인'이 사는 집을 덜컥 낙찰받는다. 이런 물건은 주의하지 않으면 낙찰가격에 추가로 임차인의 보증금까지 떠안아야 하는 일이 종종 생긴다. 어쩔 수 없이 입찰보증금을 포기하는 일이 많다. 또한 현장에 가서 제대로 살펴보고 조사하지 않고 하자가 있는 물건을 낙찰받아 낭패를 보는 일도 많다.

40~50대에 은퇴 후 사업을 시작하는 경우도 마찬가지다. 이전 직장에서 하던 일과 연관된 직업을 갖고 싶지만 여건상 마땅하지 않아 창업이나 사업을 알아본다. 20년 동안 회사에서 업무를 익혔고 많은 경험으로 사회를 충분히 배웠다고 생각한다. 이제 남 밑에서 일하는 건 신물이 나니 사장이 되어 돈을 벌고자 한다.

한창 유행하는 프랜차이즈 창업 설명회를 돌아다니며 여러 사업 아이템을 모색한다. 창업 박람회도 참가하고 나름대로 꼼꼼하게 준비해서 창업한다. 프랜차이즈 본사에서는 화려한 인테리어와 검증된 시스템으로 만든 프로세스를 믿으라고 한다. 창업 후 며칠간 손님도 많고 매출도 제법 괜찮다. 신이 난다. 그러나 얼마 지나지 않아 손님은 점점 줄어든다. 비용은 줄지 않고 어김없이 통장에서 빠져나간다. 더 이상 견디지 못하고 폐업한다.

초반에 방문한 손님들은 지인들이 개업 인사로 방문한 것이다. 이것을 실매출로 착각했다. 운영하는 업종에 대해 아는 게 별로 없으니 운영하면서 생기는 각종 문제에 적극적으로 대처하지 못했다. 홍보와 마케팅부터 손님 접대까지 무엇 하나 뜻대로 되는 게 없었다. 자신이 무엇을 모르는지조차 모르고 쉽게 창업한 대가였다.

창업을 하려면 업종을 선택하고 그 업종에 대한 전반적인 사전지식을 익혀야 한다. 자신의 적성과 잘 맞는지 파악해야 하며 트렌드와 얼마나 연관성이 있는 업종인지 살펴봐야 한다. 입주할 상가에 대한 입지 분석도 필수다. 성공할 만한 장소인지, 유동인구가 많은지, 어떻게 사람들이 영업장으로 어떻게 찾아오게 할지 따져봐야 한다. 다각적으로 검토하고 만반의 준비를 하여 창업해도 성공할까 말까인데 프랜차이즈 본

사 말만 믿고 그들이 소개한 장소에 창업한다고 성공할 수 있을까.

프랜차이즈에서 교육받은 정도의 지식으로 창업하는 건 사칙연산만 배운 사람이 수학능력평가 시험을 보는 것과 같다. 자신이 무엇을 모르는지도 모르니 오히려 용감할 수 있다. 자신이 아는 것이 전부라고 믿으니 과감히 전 재산을 무모하게 투자하는 것이다.

투자나 사업에서 가장 힘든 건 예상할 수 없는 상황이 전개되는 것이다. 미리 데이터를 모으고 가상 시나리오를 만들어 예측해도 뜻대로 되지 않는다. 그래서 자신이 아는 게 무엇인지 정확히 알고, 모르는 게 무엇인지 아는 게 중요하다. 아는 것에 집중하고 모르는 것은 제외하면 된다. 모르는 게 무엇인지 안다는 건 하나씩 배우면 된다는 뜻이다.

자신이 다 알고 있다고 생각하는 그 순간부터 당신은 모든 사람에게 호구가 된다. 당신이 모르는 걸 인식하지 못하고, 안다고 생각하기에 당하는 그 순간까지도 알지 못한다. 논어(論語)의 위정(爲政)편에 다음과 같은 말이 있다.

지지위지지(知之爲知之)

부지위부지(不知爲不知)

아는 것을 안다고 하고 모르는 것을 모른다고 하는 것이 바로 '앎'이다.

눈덩이 투자법

눈 오는 날에 눈을 일정한 크기 이상으로 뭉치고 다듬은 후 언덕 꼭대기에서 아래로 굴린다. 눈은 밑으로 굴러가면서 주변의 눈을 흡수하며 점점 커진다. 처음에는 주먹 크기였던 눈덩이가 울산바위만큼 커질 수도 있다. 언덕이 길면 길수록 눈덩이는 가늠할 수 없을 정도로 커진다.

이번에는 눈이 아니라 돈이라고 생각해 보자. 눈덩이가 언덕을 구르면서 점점 커지는 것처럼 돈을 굴려서 돈이 계속 불어나면 이보다 더 좋은 건 없다. 돈이 점점 불어난다는 생각만으로도 흐뭇한 미소가 입가에서 떠나지 않는다. 그러나 과연 그런 일이 나에게 생길지 의문이 든다.

한편으로 이보다 더 쉬운 일은 없을 듯하다. 돈이 돈을 번다는 표현은 바로 이를 두고 말한 것이 아닐까? 돈이 굴러가며 돈을 번다. 이 방법은 돈을 버는 가장 막강한 방법이다. 위대한 투자자를 비롯한 모든 부자가 이룩해낸 비법이자 비결이다. 돈을 쉬지 않고 굴리는 것. 그것이 바로 부자가 되는 핵심이다.

　사람들 대부분은 간단하고 확실한 눈덩이 투자를 하지 못한다. 바꿔 말하면 돈을 지속적으로 굴리지 못한다. 아주 적은 금액 10만 원으로 적립을 시작하여 일정한 수준의 금액이 될 때까지 절대로 건드리지 말고 계속 굴리고 불려야 한다. 1,000만 원이 되어도 다시 의미 있는 금액이 될 때까지 어떤 위기가 와도 손대지 말아야 한다.

　간단한 방법이지만 대부분은 해내지 못한다. 모은 종잣돈으로 투자했을 때 그 돈은 어떤 일이 생겨도 건드리지 말아야 한다. 그런데 사람들은 이익이 생기고 돈이 불어나면 일부를 찾아 쓴다. 처음의 원금과 비교하면 충분히 불어났다는 생각에 기쁜 마음으로 일부를 써버리고 만다.

　여기서 말하려는 핵심은 바로 자제력이다. 다른 말로 인내라고도 한다. 마시멜론 이야기는 인내에 관한 대표적인 예화다. 선생님이 마시멜론을 탁자에 올려놓는다. 선생님은 자리를 비우며 "이따 돌아왔을 때 마시멜론을 먹지 않은 아이들에게는 마시멜론을 더 주겠다."라고 제안한다. 아이들은 대부분 참지 못하고 마시멜론을 먹는다. 하지만 일부 아이들은 끝까지 참아내고 더 많은 마시멜론을 선물로 받았다. 시간이 지난 후에 실험에 참여한 아이들을 조사했더니 마시멜론을 먹지 않은 아이들은 사회에서 성공한 인물로 살아가고 있다는 내용이다.

　인내하고 자제하라는 이야기는 평생 그렇게 하라는 뜻이 아니다. 일정 기간까지만 참으라는 이야기다. 굴리는 돈을 건드리지 말라는 의미도 그렇다. 일정 규모 이상으로 불어날 때까지 건드리면 안 되지만, 그 돈의 일부를 찾아도 돈의 규모에 별 차이가 없다면 그때는 상관없다는 뜻이다.

이를테면 불어난 돈에서 나오는 이자, 주식에서 나오는 배당, 부동산에서 받는 월세가 넉넉한 때를 말한다. 충분히 커진 눈덩이는 쉽게 줄어들지 않기 때문이다.

주식투자를 하는 사람들에게 꿈과 같은 수익률이 있다. 바로 10루타(tenbagger) 기업을 찾는 것이다. 10루타는 10배의 수익을 은유적으로 표현한 것이다. 100만 원을 투자했을 때 1,000만 원이 된다는 의미다. 이런 기업을 몇 개만 찾아 투자하면 부자가 되는 건 시간 문제다. 실제로 그 정도로 주가가 상승한 기업은 제법 많다.

2005년 1월에 43,000원 수준이던 오뚜기 주가는 2014년 7월에 600,000원을 넘어 10루타를 이뤄냈다. 2001년 1월에 주당 150,000원 수준이던 롯데칠성 주가는 2014년 7월에 1,800,000원을 기록했다(액면분할 전 주가 기준). 2004년 10월에 90,000원이었던 오리온은 2014년 7월에 900,000원의 주가를 기록했다(오리온홀딩스와 오리온으로 분할상장 전 기준).

과거와 현재의 주가를 비교하여 살펴볼 때 이보다 쉬운 투자는 없다. 보유하고만 있으면 내가 투자한 돈이 무려 10배로 불어난다. 매수할 때 주가가 몇만 원이든 상관없이 결과적으로 큰돈을 벌었다. 앙드레 코스톨라니가 좋은 주식을 산 후에 수면제를 먹고 몇 년 후에 깨어나는 것이 가장 좋다고 한 이유다. 이토록 쉬운데도 정작 그 열매를 따 먹는 사람은 극소수에 지나지 않는다.

2005년 43,000원에 오뚜기 주식을 산 사람들은 느긋이 기다리기만 하면 무려 10배의 수익을 본다는 사실을 알지 못했다. 2006년에 120,000원까지 올랐던 오뚜기 주식은 2007년 3월에 80,000원까지 떨어졌다. 매수가 43,000원과 비교하면 두 배 가까이 올랐지만 여기에 만족하고 기뻐하는 사람은 없다. 오히려 120,000원에 팔지 못해서 40,000원이나 손해 봤다고 생각한다. 아직도 이익 중이니 더 떨어지기 전에 팔아야겠다는 생각으로 가득 찬다. 이때 팔지 않고 견딘 사람은 몇 달 후인 10월에 160,000원까지 오른 오뚜기 주식을 만난다. 이렇게 지난한 과정을 겪으며 오뚜기는 10배 이상 올랐다.

오뚜기는 2015년 8월 1,466,000원까지 오른 후 2022년 10월 기준으로 45만 원 수준을 유지하고 있다. 2015년에는 주가를 주당 순이익으로 나눈 수익성 지표인 PER(Price Earning Ratio)이 무려 40을 넘었다. 통상 오뚜기의 PER은 높아도 20 정도에서 머물렀고 낮을 때는 10 정도였다. 2015년 오뚜기 주가에 얼마나 거품이 꼈는지 알려준다. 눈덩이 투자법이라고 하여 무조건 사놓고 기다리면 안 된다. 이런 식으로 주식 평가를 할 줄 알아야 한다. 롯데칠성과 오리온도 이런 과정을 거쳤다.

사람들 대부분은 저가 매수에 혈안이 될 뿐 치밀하게 분석하여 투자하지 않는다. 이보다 더 중요한 건 투자한 충분한 수익이 날 때까지 기다리고 또 기다려야 한다는 점이다. 사람들이 성공이라는 열매를 맛보지 못하는 가장 큰 이유는 바로 눈덩이 투자법을 제대로 실행하지 못하기 때문이다. 눈덩이 투자법을 확실하게 실행하려면 먼저 제대로 된 투자처를 찾아야 한다. 오랜 연구와 조사 끝에 투자처에 대한 확신이 섰다면 눈을 굴릴 준비가 끝났다. 남은 건 눈덩이가 계속 잘 굴러가는지 확인하고 또 확인하며 살펴보는 것이다. 눈덩이가 잘 굴러간다면 눈덩이는 계속 커진다.

눈덩이가 굴러가는 동안 온갖 잡생각과 불안감이 수시로 찾아온다. 기쁨에 차 희열을 맛보기도 하고 실망하기도 한다. 희망과 질망이 반복된다. 끊임없이 자신과 싸워야 한다. 이토록 간단한 눈덩이 투자에서 최후에 웃는 사람은 극히 드물다. 눈덩이가 굴러가는 긴 시간 동안 참고 버티지 못한다. 눈덩이가 엄청나게 커질 때까지 인내력과 자제력을 발휘하는 사람이 드물기 때문이다.

"가장 먼저 인식해야 할 점은 이것이 시간이 많이 걸린다는 사실입니다. 저는 11살 때 시작했습니다. 돈을 모으는 건 눈덩이를 언덕 아래로 굴리는 것과 비슷한 면이 있습니다. 눈덩이를 굴릴 때는 긴 언덕 위에서 하는 게 중요합니다. 저는 56년짜리 언덕에서 굴렸습니다. 그리고 또 잘 뭉쳐지는 눈을 굴리는 것이 좋습니다."

워런 버핏의 이야기다.

당신은 현재 몇 년짜리 언덕에서 눈을 굴리려고 하고 있나?

직관을 조심하라

메사추세츠 대학교 심리학자들이 실험을 했다. 작은 그릇과 큰 그릇에 젤리빈이라는 과자를 넣었다. 작은 그릇에는 10개의 젤리빈이 들어 있는데, 그중 9개는 흰색이고 1개는 빨간색이다. 큰 그릇에는 100개의 젤리빈이 들어 있는데, 실험할 때마다 임의로 91개에서 95개가 흰색이고 나머지는 빨간색이다. 참가자는 두 그릇 중에 하나를 골라서 젤리빈을 꺼낼 수 있고, 빨간 젤리빈을 꺼내면 1달러를 받을 수 있다. 작은 그릇에는 빨간 젤리빈이 10% 확률로 들어 있고, 큰 그릇에는 빨간 젤리빈이 있을 확률이 9%를 넘지 않는다는 사실도 참가자들에게 알려줬다.

당신이라면 어떤 그릇에서 젤리빈을 꺼내겠는가? 실험참가자들은 빨간 젤리빈이 나올 확률이 10%인 작은 그릇을 선택하지 않았다. 확률이 9%를 넘지 않는 큰 그릇을 선택했다. 놀랍게도 참가자의 3분의 2가 큰 그릇을 선택했다. 큰 그릇에서 빨간 젤리빈을 꺼낼 확률은 9%가 넘지 않는다는 사실을 이미 알려줬는데도 참가자들은 큰 그릇을 선호했다. 심지어 큰 그릇에는 빨간 젤리빈이 5% 정도만 있다고 알려줘도 참가자의 4분의 1은 여전히 큰 그릇을 선호했다.

참가자들의 생각은 이러했다. '작은 그릇은 10%의 확률이지만 작은 그릇에는 딱 한 개의 빨간 젤리빈이 있을 뿐이다. 하지만 큰 그릇에는 무려 5개에서 9개의 빨간 젤리빈이 있으니 빨간 젤리빈을 뽑을 가능성이 훨씬 크다.' 실험 참가자들은 자신의 행동이 합리적이지 못하다는 걸 순순히 인정했다. 그런데도 성공 확률이 훨씬 크다고 느껴지는 큰 그릇을 선택했다. 이를 '젤리빈 증후군'이라고 한다. '분모 맹목(denominate blindness)'이라는 전문용어로 통용된다.

$$\frac{\text{수익 혹은 손실 액수(분자)}}{\text{전체 부의 규모(분모)}}$$

분자인 수익과 손실은 변화의 폭이 상당하다. 반면에 분모인 전체 자산은 변화의 폭과 속도가 느리다. 당신의 전체 투자자산이 1,000만 원이고 투자수익으로 50만 원을 벌었다. 50만 원은 상당한 수익이지만 전체 자산인 분모 1,000만 원과 비교하면 미미한 금액이다. 그러나 사람들 대부분은 그렇게 생각하지 않고 분자인 50만 원에 집중한다.

중요한 건 분모인 전체 자산이다. 수익이나 손실을 본 액수보다 전체 부의 규모가 훨씬 중요하다. 하지만 사람들은 특정한 날에 증가한 액수나 감소한 액수에 일희일비한다. 훨씬 더 큰 금액인 전체 부의 규모에는 주의를 기울이지 않는 우를 범한다. 단기간의 이익에 치중하는 사람은 전체 자산인 부의 규모를 고려하지 않고 빈번한 거래를 한다. 하지만 분모에 집중하는 사람들은 그렇지 않았다.

　노벨 경제학상은 경제학자들에게 매년 주는 상인데 특이하게도 심리학자가 노벨 경제학상을 받았다. 대니얼 카너먼(Daniel Kahneman)은 인간이 경제적인 선택을 하는 심리적인 근본 원인을 연구했고 그 공로와 업적을 인정받아 2002년 노벨 경제학상을 받았다.

　대니얼 카너먼의 책《생각에 관한 생각》에서 인간의 인지 체계를 '시스템 1'과 '시스템 2'로 구분한다. 시스템 1은 감정과 직관을 담당한다. 즉각적이고 본능적으로 보이는 대로 믿고 생각하는 것을 말한다. 시스템 2는 이성과 분석을 담당한다. 느리고 이성적이면서 노력으로 얻는 것을 말한다. 우리는 평소에 시스템 1의 지배를 받으며 산다. 이런 이유로 시스템 2가 우리에게 경고하고 위험신호를 보내도 시스템 1은 즉각적으로 자신에게 유리하게 반응한다. 생각할 여지마저도 주지 않는다.

　기존 경제학은 애덤 스미스가《국부론》에서 밝힌 '보이지 않는 손'을 신봉했다. 개인은 자신의 이익만을 위해 노력하지만 그 이익이 모이면 사회 전체 이익과 부합한다고 설명했다. 인간은 합리적이라는 이야기다. 인간은 자신이 손해 볼 가능성이 있다면 절대로 움직이지 않고 자신의 이익만을 추구한다. 지금까지 모든 경제학자는 이것을 일말의 의심도 없이 신봉했다. 모든 사람의 행동은 합리적인 의사 판단이라 믿었다.

　그러나 인간의 행동과 그 이면을 연구하는 심리학이 발달하면서 똑똑한 인간이 바보 같은 행동을 버젓이 한다는 것을 깨닫게 되었다. 대니얼 카너먼을 비롯한 심리학자들은 이 사실을 확인하기 위해 다양한 실험을 했다. 젤리빈 실험도 그중 하나다. 그토록 합리적이고 이성적인 판단을 내린다고 믿었던 인간이 사실은 전혀 그렇지 않다는 것을 밝혀냈다.

기존 경제학에서 이야기한 인간은 시스템 2로 움직이는 인간이었다. 현대에 와서 인간은 시스템 1에 의해 움직인다는 것을 알게 되었다. 이것은 WYSIA라는 개념으로 설명할 수 있다. 'What you see is all there is'의 약자로 '당신에게 보이는 것이 세상의 전부다.'라고 풀어 쓸 수 있다. 인간은 보고 싶은 것만 본다는 뜻이다.

시스템 1에 해당하는 직관을 멀리하고 믿지 말라는 이야기가 아니다. 인간은 직관 덕분에 지금까지 존재할 수 있었고 살아남아 후손을 남길 수 있었다. 숲을 걸어가는데 나뭇가지가 흔들리고 뭔가 느낌이 좋지 않다고 생각되면 뒤도 돌아보지 않고 도망갔다. 그 결과 자신보다 커다란 짐승을 만나지 않고 살아남을 수 있었다. 시스템 1이 작동한 덕분이다.

이렇게 직관으로 행동한 덕분에 인간은 살아남을 수 있었다. 이러한 DNA가 우리에게 남겨지고 이어졌다. 우리는 여전히 직관에 의존한 선택을 한다. 화려한 스펙을 가진 상대방이 눈에 보이는 분명한 숫자를 우리에게 제시했을 때 직관적으로 안 좋은 인상을 느끼고 거절하여 피해를 입지 않은 경우도 종종 있다. 위기의 순간에 합리적인 판단이 아니라 본능에 충실한 직관으로 살아남았다는 위기 극복담도 많이 듣는다.

현대인에게 생존을 다투는 위기 상황이 오는 일은 극히 드물다. 차분히 생각하고 고려해서 판단을 내려도 아무 피해가 없는 경우가 대다수다. 긴박한 순간에는 본능에 충실한 직관에 따라 행동하는 것이 맞다. 그렇지 않은 때에는 합리적인 판단을 하려고 노력하여야 한다.

만약 상대방이 하는 제안이 이해되지 않는다면 쉽게 풀어달라고 요청하라. 그래도 이해가 되지 않으면 피해라. 이해되지 않는데 직관적으로 판단하고 결정할 때 당신은 먹잇감이 된다. 거꾸로 생각하는 것도 좋다. 과학자들이 자신의 연구 결과를 발표할 때 자신의 주장을 입증하는 실험 못지않게 중요한 것이 있다. 반대 증거가 없다는 걸 증명하여 자신의 주장이 참이라는 결과를 도출하는 것이다. 이런 방식은 주장의 신빙성을 더 높여준다. 이와 마찬가지로 상대방의 제안이 문제인 이유나 안 되는 이유를 따져봐라. 그래도 문제가 없고 괜찮다면 제안에 응한다. 이런 것도 시스템 2를 이용하는 합리적인 방법이다.

즉각적으로 반응하지 않도록 노력해야 한다. 숫자를 열까지 세면서 본능이 사라질 때를 기다린다. 긴 호흡 후에 다시 한번 차분하게 생각해 본다. 상식적으로 볼 때 타당한지 곰곰이 검토한다. 각자 자신의 원칙에 따라 판단이 달라질 수는 있다. 원칙에 어긋난다고 생각되면 본능보다는 원칙을 따른다. 원칙을 어기면 당장의 결과가 좋더라도 뒷맛이 씁쓸하다. 최종 결과가 좋지 않은 경우도 많다.

직관은 당신을 위기에서 탈출시켜 주는 훌륭한 도구가 될 수 있다. 반면에 평소에 직관은 당신을 어려움에 빠뜨리는 위험한 친구가 될 수도 있다. 당신이 아이큐 200이고 책을 만 권 넘게 읽었어도 직관은 아무 도움이 되지 못할 때가 많다. 오히려 자신은 똑똑하고 이성적이며 합리적이라는 자기기만에 빠질 수 있다.

직관과 합리적인 판단을 적절히 잘 조화해야 한다. 실천이 너무 어렵다고 생각된다면 그게 정답이다. 부자 되는 길이 그렇게 쉽지 않다.

테스토스테론 말고
에스트로겐으로 투자하라

테스토스테론(testosterone)은 대표적인 남성 호르몬이다. 2차 성징 때부터 남성 성기의 발육을 촉진하고 뼈와 근육이 발달하게 만드는 역할을 한다. 주로 남성의 고환에서 분비된다. 남성을 남성으로 만들어 주는 대표적인 호르몬이다. 성인 남성은 여성보다 10배나 많은 테스토스테론이 생성된다고 한다. 이런 이유로 운동선수들이 스테로이드로 테스토스테론을 주사한다. 남성 호르몬을 체내에 투입해 운동능력을 향상시키는 것이다.

에스트로겐(estrogen)은 대표적인 여성 호르몬이다. 태반에서도 분비되고 남성의 정소에서도 약간 분비된다고 한다. 2차 성징기에 많은 양이 여성에게 분비되어 가슴이 나오고 여성의 몸매에도 영향을 준다. 생식 주기를 조절하기도 한다. 남성이 여성으로 성전환 수술을 한 후에 에스트로겐을 투입한다. 에스트로겐은 여성처럼 보이는 만드는 데 중요한 역할을 한다. 여성이 폐경 후에 갱년기 장애를 겪는 이유가 바로 에스트로겐이 부족하기 때문이라고 한다.

남성은 테스토스테론으로 남성답고 여성은 에스트로겐으로 여성답다. 나이를 먹어감에 따라 남성은 테스토스테론이 약해지면서 공격적인 성향이 줄고 여성스러운 태도를 보인다. 여성은 에스트로겐이 약해지면서 공격적으로 변모한다. 이 때문에 부인이 남편보다 적극적으로 부부관계를 리드하는 경우가 많아진다.

남성의 특징으로는 우락부락, 단순함, 직선적, 목표지향적, 논리적, 상명하복, 공격적, 성취지향 같은 것들이 떠오른다. 여성의 특징으로는 섬세함, 감정적, 안정지향, 연약함, 공감, 분위기와 같은 것들이 떠오른다. 이밖에도 각자의 성(性)에 따라 대표되는 이미지는 겹치지 않고 상반되는 것이 대부분이다.

남성이라고 하여 상대방과 공감하는 데 약하고 섬세하지 못하다는 의미는 아니다. 여성이라고 하여 목표도 없고 논리적인 생각을 못 한다는 것도 아니다. 남성과 여성이 틀린 게 아니라 다르다는 건 모두 인식하고 있다. 존 그레이의 《화성에서 온 남자 금성에서 온 여자》는 엄청난 베스트셀러이고 지금도 많은 사람에게 선택받고 있다. 남성과 여성이 똑같은 환경과 상황에서 다른 생각과 행동을 하기 때문이다.

무엇이 옳고 그르다는 것이 아니다. 각자 타고난 성(性)차가 있다는 뜻이다. 전통적으로 투자와 사업 같은 분야는 남성의 전유물이었다. 점차 여성의 비율이 높아지고 있지만 여전히 남성의 특징이 우선되는 분야라는 인식이 지배적이다. 실제로는 사업이나 투자에서 분야에 따라 남성적인 성격과 여성적인 성격이 필요한 부분이 있을 뿐이지 명확하게 가를 수는 없다.

지금까지 사업은 공격적으로 목표를 향해 직진하는 남성이 잘한다는 편견이 많았다. 지금은 예전과 다르다. 구글을 거쳐 페이스북의 COO를 맡았던 셰릴 샌드버그나 미국 민주당 대통령 후보였던 힐러리 클린턴처럼 여러 분야에서 성공한 여성이 많아졌다. 《유 퀴즈 온 더 블록》에 출연해 유명해진 광원산업 이수영 회장처럼 한국에도 성공한 여성이 많아지고 있다.

투자를 도박이라는 관점에서 바라보고, '인생은 한 방'이라는 개념으로 적극적인 사고방식과 행동을 하는 사람은 대부분 남성이다. 투자보다는 저축을 선호하고, 한 방에 모든 것을 얻는 일확천금보다는 차근차근 자산을 늘려가는 투자를 선호하는 사람도 있다. 이런 사람은 대부분 여성이다. 남자와 여자라는 성적으로 차별되는 개념으로 설명했지만 정확하게 표현하면 남성적인 투자 성향과 여성적인 투자 성향이다. 남자라고 꼭 남성적인 투자 성향을 지닌 것은 아니다. 여자라고 꼭 여성적인 투자 성향을 지닌 것도 아니다. 각자의 성(性)과 상관없이 투자 성향에 따른 차이가 있을 뿐이다.

대체로 남성이 여성보다는 위험을 더 많이 감수하며 적극적으로 투자한다. 적극적인 투자의 결과로 남성이 여성보다 큰 수익을 내는 일이 많다. 여성은 다소 보수적인 투자의 결과로 남성보다 수익이 적은 것처럼 보인다. 그러나 장기 누적 수익률로 따져보면 여성이 남성보다 수익이 큰 경우가 많다. 더구나 남성은 위험을 많이 감수하기 때문에 여성보다 훨씬 높은 확률로 손실을 본다.

증권 포털 팍스넷에서 설문조사를 한 결과에 따르면 여성 대다수는 수익이 크지 않더라도 안정적인 종목을 선호한다고 답했다. 남성 대다수는 위험성이 다소 있더라도 급등 가능성이 있는 종목을 선호한다고 답했다. 여성 일부만이 위험성이 있는 종목을 선호한다고 답했다.

종목 보유 기간도 달랐다. 여성 대다수는 최소한 3개월 이상 보유한다고 응답했다. 남성은 3개월 미만으로 종목을 보유한다고 대답한 사람이 절대다수였다. 기대 수익률도 달랐다. 과반수의 남성은 최소 연간 30% 이상의 수익을 기대한다고 답했다. 반면에 대다수 여성은 10% 이상의 연간 수익을 기대한다고 답변했다.

실제 투자 수익률도 달랐다. 남성이 여성에 비해 훨씬 큰 수익을 냈지만, 손실을 봤다고 답변한 남성의 숫자가 압도적으로 많았다. 남성은 큰 수익을 위해 위험을 상당 부분 감수했기 때문이다. 남성은 수익보다 손실을 본 경우가 많아 오래도록 투자를 지속하는 경우가 드물었다.

"나의 첫 번째 투자원칙은 돈을 잃지 않는 것입니다. 두 번째 투자원칙은 첫 번째 원칙을 지키는 것입니다." 투자로 세계 부자 순위에 오른 워런 버핏의 말이다. 투자로 가장 많은 돈을 번 사람이 잃지 않는 투자를 해야 한다고 이야기한다. 더 많이 벌기 위한 투자를 하는 것이 아니라.

투자의 속성은 불확실성이 존재하는 곳에 돈을 넣는 것이다. 불확실성이라는 말에는 돈을 벌 가능성도 있지만 잃을 가능성도 있다는 뜻이 포함되어 있다. 우리가 투자할 때 투자 대상을 조사하고 연구하고 제반 사항을 검토하는 이유다. 또한 과거를 추적하고 관찰하여 현재를 확인하고 미래를 예측한다. 미래를 예측하는 것이 투자의 어려움이자 희망과 절망이 교차하는 지점이다.

투자 대상에 미래가 없다는 판단이 들면 누구도 투자할 엄두를 내지 않고 피하기 마련이다. 미래가 밝다는 판단이 들면 여러 가지를 고려한 끝에 투자를 결정한다. 투자를 한다는 건 현재보다 미래를 좋게 본다는 뜻이다. 그러나 테스토스테론이 과다 분비된 상태에서 투자하면 투자 대상을 냉정하게 바라보지 못한다. 큰 기대에 차서 미래 전망을 희망차게 바라보기 때문이다. 우리는 최대한 에스트로겐을 분비하게 만들어 잃지 않는 투자를 하려고 노력해야 한다.

성공한 투자자 대부분이 남자다. 젊었을 때 테스토스테론을 앞세운 과감한 투자로 성공한 사람들이다. 이들은 나이가 들면서 테스토스테론이 감소한다. 이들은 자연 발생적으로 분비되는 에스트로겐을 거부하지 않고 받아들였다. 그렇게 시간이 지나면서 보수적으로 투자에 접근한다. 그 결과 이들이 여전히 성공한 투자자로 남아있다고 하면 억지라고 생각하는가?

다소 답답하고 성에 차지 않아도 소심하게 투자를 결정하고 안정적으로 자산이 불어나는 곳에 투자하는 것이 훨씬 더 올바른 방법인 경우가 많다. 당신의 테스토스테론을 억제하고 에스트로겐을 활성화하여 투자에 임하라. 남성과 여성이 조화롭게 살아가는 세상이 가장 이상적인 사회다. 투자도 똑같다.

제4부

남들과
다르게
봐라

부자의 다른 점

심리를 이용하라

"주말에 극장에서 영화를 보기로 약속했다. 최근 유행하는 영화를 친구들과 재미있게 보려고 앱으로 예매했다. 상영시간에 되어 극장으로 들어가려고 하는데 어딘지 모르게 아쉽다. 마침 달달한 팝콘 냄새가 코를 자극한다. 콜라와 함께 팝콘을 구입했다. 극장에서 영화만 보면 심심하고 뭔가 빠진 듯하기 때문이다. 영화 상영하기 전에 나오는 광고를 보면서 신나는 마음으로 친구와 재미있게 떠들었다."

우리가 주말에 극장에서 영화를 즐기는 패턴이다. 사람들은 극장이 영화 상영으로만 돈을 번다고 생각하는데 그건 오산이다. 매점 음식료 판매와 영화 상영 전에 보여주는 광고에서 벌어들이는 돈이 제법 짭짤하다. 극장 매출에서 영화 티켓을 팔아 버는 돈이 제일 크지만 매점 음식료 판매와 광고로도 만만치 않은 돈을 벌고 있다. 극장 점유율 1위인 CJ CGV의 매출 구성은 아래와 같다.

영화 티켓 매출 비중이 62.5%지만 매점 판매와 광고로 버는 수익도 26.7%나 된다. 영화 상영관에 들어갈 때 극장에서 판매하는 음식만 들고 갈 수 있게 했던 이유는 바로 엄청난 수익 때문이다.

티켓에 표시된 상영 시간이 10시라면 실제 상영 시작은 10시 10분이다. 영화 상영 전 10분 동안 우리는 의지와 상관없이 강제적으로 광고를 봐야 한다. TV를 시청할 때는 리모컨으로 채널을 돌릴 수 있지만 극장에서는 모든 사람이 강제로 광고를 볼 수밖에 없다. 극장 측은 늦게 오는 관객의 편의를 위해서라고 대외적으로 말하지만 믿기는 힘들다.

대기업은 모든 것을 독점한다. 승자독식으로 중소기업이나 자영업 영역을 침해한다는 지적과 비난을 받기도 한다. 대기업은 고객에게 어떻게 해야 돈을 벌 수 있는지 정확하게 파악하여 돈을 긁어모은다. 대기업이 마케팅부서를 활발하게 운영하고 효과적으로 제품을 판매하는 방법이 무엇인지 연구하는 이유가 여기에 있다.

CJ CGV 매출 구성   단위: 백만원

구분	2022년 반기		2021년 반기	
	금액	비중	금액	비중
티켓판매	338,606	62.5%	215,811	64.6%
매점판매	84,496	15.6%	35,627	10.7%
광고판매	60,108	11.1%	33,602	10.1%
장비판매	10,331	1.9%	6,213	1.9%
기타판매	48,183	8.9%	42,908	12.8%
합계	541,724	100%	334,161	100%

새로운 집을 구하려고 중개업소를 통해 집을 보러 간 적이 있을 것이다. 일부 중개업소는 계약을 체결하기 위해 다음과 같은 방법을 쓴다. 먼저 고객이 원하는 조건을 파악한다. 집을 보여줄 때 처음에는 고객이 원하는 조건과 비슷하지만 약간 부족한 집을 보여준다. 고객이 약간 아쉬워하며 실망할 때 중개인은 이렇게 이야기한다.

"약간 더 비싸기는 하지만 괜찮은 집이 있어요. 한번 볼 생각이 있어요?" 고객은 아쉬운 마음에 집을 보자고 한다. 중개인은 꽤 괜찮은 집을 보여준다. 돈이 약간 더 들지만 충분히 감당할 수 있는 금액이다. 지금까지 본 집과는 달리 고객 마음에 쏙 든다. 가격이 약간 문제지만 이미 마음을 빼앗긴 지 오래다.

임대인은 높은 가격으로 빠르게 임대를 놓고 싶지만 쉽지 않은 게 현실이다. 새로운 임차인을 구할 때 다음과 같은 방법을 쓴 임대인이 있다. 중개인을 거치지 않고 인터넷에 직거래로 임차인을 구한다는 글을 올린다. 집 사진을 예쁘게 잘 찍어 사람들이 관심을 갖게 만든다. 집이 예뻐 보이니 집을 보고 싶다는 문자가 여러 통 온다. 이때 임대인은 의도적으로 집을 보러 오는 사람들의 시간을 겹치게 만든다. 한 팀은 1시에 오라고 하고 다른 팀은 1시 10분에 오라고 하는 식이다.

임대인은 먼저 온 팀에게 집을 구경시켜 준다. 집이 깔끔해서 임차인이 마음에 들어 한다. 하지만 임차인은 딱 하나의 집만 구경하지 않는다. 여러 집을 보는 일이 많다. 같은 날 다른 집도 함께 보려고 계획을 잡는다. 임차인은 이리저리 집을 둘러보고 잘 봤다는 인사와 함께 나가려고 한다. 다른 집도 둘러보고 최종 결정을 할 생각이다. 그런데 갑자기 다른 팀이 집을 보러 온다. 집을 구경하는 두 팀의 임차인은 갑자기 마음이 급해진다. 지금 계약하지 않으면 물 건너간다는 심리적 압박에 몰린다. 두 팀 중 한 팀은 계약하자는 이야기를 꺼내게 된다.

어떤가? 비겁하다는 생각이 드는가? 철저하게 남을 이용하여 이익만 추구하는 못된 놈이라는 판단이 드는가? 그렇게 생각해도 어쩔 수 없다. 지금도 매일같이 벌어지는 현실이다. 홈쇼핑 채널에서 '오늘 한정', '마감 5분 전'이라고 표현하는 이유도 고객의 마음을 움직이기 위해서다.

사업을 잘하고 투자를 잘하는 사람이 부자가 된다. 사업으로 돈을 모았으니 부자가 된 것이고 투자로 돈을 벌었으니 부자가 된 것이다. 사업을 할 때 제품을 잘 만든다고 많이 팔리는 건 아니다. 싸다고 무조건 많이 팔리는 것도 아니다. 사람들이 제품에 관심을 갖게 만들고 구매하게 만들어야 제품이 팔린다. 그 과정에서 인간의 심리를 파악하여 자신에게 유리한 방향으로 이끌려고 노력한 결과로 돈이 따라온 경우가 많다.

부자들은 어떤 행동을 하면 사람들이 좋아할지 고심한다. 어떻게 해야 사람들의 관심을 끌고 호기심을 유도할 수 있는지 연구한다. 실제로 효과가 있는지 다양한 시도를 하며 테스트한다. 시행착오를 거치면서 점점 능숙하게 타인을 이용하여 돈을 번다.

타인을 이용한다는 것은 당신을 바보로 만들고 멍청이로 취급한다는 뜻이 아니다. 최대한 자신의 이익을 추구하고 상대방의 이익은 고려하지 않는다는 의미도 아니다. 상대방을 호구로 만들지는 않는다. 본인이 호구라고 느끼는데 누가 그 제품을 구매하겠는가? 절대로 호구라고 느끼지 않도록 최대한 공감하게 만든다. 제품이나 서비스를 사면 어떤 이익이 생기고 어떤 즐거움이 찾아오는지 잘 설명한다. 판매자에게 어떤 이익이 생기는지 굳이 표현하지 않을 뿐이다.

부자들과 협상할 때 불리한 조건으로 계약을 체결하는 경우가 많다. 부자는 이 계약을 체결하지 않아도 자신에게 아무 지장이 없다는 걸 나에게 납득시킨다. 부자는 내가 선택할 수 있는 대안을 최소로 만든다. 피할 수 없는 협상안을 제시하여 계약하게 만든다. 내 상황과 심리를 정확하게 파악하여 거부할 수 없는 제안을 하기 때문이다.

극장에서 영화를 볼 때 팝콘과 콜라를 곁들이지 않아도 아무 지장이 없다. 집을 구할 때 다른 집을 더 알아보고 계약하자고 이야기해도 괜찮다. 하지만 사람들은 그러지 않는다. 내 심리를 정확하게 파악한 부자들은 절대로 그런 상황을 만들지 않는다. 내가 돈을 쓸 때 전혀 거부감이 들지 않게 만든다. 집이 아주 좋다고 착각하게 만들어 계약하게 만든다.

돈을 벌고자 하는가? 모든 건 인간과 인간이 함께 만들어 내는 것이다. 인간이 어떤 심리로 행동하는지 파악하는 건 돈을 버는 기초다. 우리가 가야 할 힘든 여정의 출발점이다. 부자들이 인간의 심리를 정확하게 파악하여 돈을 번 것은 아니다. 돈을 벌기 위해 상대방의 심리를 파악하려 노력하다 보니 그렇게 된 면이 크다고 할 수 있다.

지금부터 인간 행동의 밑바탕에 있는 심리를 알려고 노력하라. 근본적인 이유를 알고 호기심을 갖고 접근하면 자연스럽게 돈이 보일 것이다. 당신에게 돈을 주는 것은 결국 인간이다!

평생 경제 공부를 해라

다음은 모 대학에서 최고경영자 과정을 모집하는 공고문이다. 6개월 코스에 수강료가 900만 원이다. 수강료가 비싸지만 돈이 있다고 누구나 들어갈 수 있는 과정은 아니다. 지원서를 제출하면 대학에서 심사를 거쳐 합격 여부를 알려준다. 예전에는 특별한 심사를 하지 않았다. 신청하면 대부분 다닐 수 있었다. 그런데 자산가나 사업가가 이 과정에 다닌다고 알려지기 시작했다. 그러자 영업하는 사람들이 부자를 만나려고 지원하기 시작했다. 여러 문제가 발생하면서 지금은 일정 자격요건이 된다는 증빙서류를 제출하는 방식으로 바뀌었다.

인맥을 쌓기 위해 최고 경영자 과정을 다니는 사람도 있을 것이라 생각하기 쉽다. 인맥이 무시할 수 없는 중요한 요소 중 하나인 건 맞다. 그

입학 안내

고려대학교 최고경영자과정에서 대한민국을 움직이는 최고의 인적 네트워크는
물론, 보다 큰 미래를 준비하십시오.

선발대상 기업 최고경영자 및 임원, 행정 사법 2급 공무원 이상
군 장성, 기타 동등한 자격을 갖춘 인사 50~60명 내외, *선착순 마감

교육기간 6개월

등 록 금 900만원 *원우회비, 연수회비 별도

정규수업 매주 월요일 오후 6시 00분 ~ 9시 00분
*저녁식사 : 오후 5시 10분 ~ 6시 00분

전형방법 1차 : 서류전형
2차 : 개별면접

제출서류 입학지원서, 자시소개서(본 대학원 소정양식, 홈페이지에서 다운 가능)
재직증명서 / 사업자등록증 / 회사등기부등본 (택1)
전형료 70,000원
[입금계좌:KEB하나은행 / 391-910013-14604 / 경영대학원(전형료)]

접수방법 방문/ 우편 접수:
(02841) 서울시 성북구 안암로 145 고려대학교 경영본관 307A호
최고경영자과정(AMP) 담당자 앞
Email : kubsamp@adm.korea.ac.kr
온라인/모바일 접수 : biz.korea.ac.kr/admission/intro

러나 더 중요한 건 끊임없이 변하는 경제환경에 뒤처지지 않으려는 노
력이다. 한 기업의 대표나 자산가라고 해도 경제 흐름을 전부 파악할 수
는 없다. 대기업은 자체 경제연구소에서 경제를 분석하여 자료를 제공

하고 알려주지만, 일반 기업체 사장이 전문가에게서 나오는 고급 정보를 받아 보기는 어렵다.

어지간한 대기업은 모두 경제연구소를 운영한다. 가장 유명한 '삼성글로벌리서치(구 삼성경제연구소)'를 비롯하여 'LG경영연구원(구 LG경제연구원)', '현대경제연구원' 등이 있다. '공병호 경영연구소'처럼 개인이 운영하면서 경제 현상을 알려주고 미래 전망을 제시하는 곳도 많다.

각 연구소는 다양한 분야에 대해 연구하고 관련 자료를 제공한다. 기업을 운영하는 데 필요한 큰 그림을 제시하는 역할도 한다. 단순히 경제 흐름만 알려주는 건 아니다. 경제전망을 하거나 꼭 읽어야 할 책도 선정한다. 한 해 동안 유행했던 트렌드를 알려주기도 하고 내년에 유행할 트렌드를 제시하기도 한다. 대기업 경제연구소가 일련의 연구를 계속하는 이유가 있다. 끊임없이 변하며 생물체처럼 움직이는 경제를 넋 놓고 쳐다보고 있으면 한순간에 기업이 도태된다는 걸 알기 때문이다. 각 연구소에서 보내주는 자료만 읽어도 현재 벌어지는 경제 현상뿐만 아니라 향후 경제전망도 알 수 있다.

평일 낮에 상당히 많은 유료, 무료 강의가 열린다. 금융회사, 경제연구소를 비롯한 경제 단체에서 주최한다. 주로 주식, 부동산, 경제 강의가 많다. 이런 곳에 참석해 보면 엄청나게 많은 사람이 참여하는 걸 알 수 있다. 수백 석의 좌석이 가득 찬다. 강연이 끝난 후 손을 들어 강사에게 질문을 쏟아내는 열기에 깜짝 놀란다. 강연에 참석하는 사람 중 양복을 입은 사람보다 일상복을 입은 50대에서 60대 사람들이 많은 것에 다시 놀란다. 진짜 부자는 양복을 입고 다니지 않는다. 겉모습에 얽매이지 않는 모습으로 강연에 참석해 끊임없이 공부하는 모습을 볼 수 있다.

이런 강연에 참여하는 사람들이 심심해서 시간이나 때우려고 참여하는 건 아니다. 보통 강연이 끝나고 추첨하여 선물을 주는데 선물을 받자고 참여하는 것도 아니다. 현재 벌어지고 있는 경제 현상을 혼자서 전부 이해하고 쫓아가기 힘드니 전문가의 이야기를 듣고자 참여한다.

　전문가의 이야기를 들으며 혀를 찰 때도 있고 고개를 끄덕일 때도 있다. 전문가가 엉뚱한 소리를 하거나 제대로 전망하지 않으면 마음에 들지 않아 고개를 갸웃한다. 전문가답게 논리적으로 데이터를 보여주며 요목조목 설명하면 고개를 끄덕이며 경청하기도 한다. 경제 흐름을 조금이라도 놓치지 않기 위해 강연을 찾아다니는 건 물론이고 경제 뉴스 읽는 것도 소홀히 하지 않는다.

　비행기를 탔을 때 부자인 사람과 아닌 사람을 구별하는 방법이 있다고 한다. 승무원이 신문을 읽으라고 나눠준다. 이때 부자는 주로 경제신문을 읽지만 부자가 아닌 사람은 스포츠신문을 읽는다고 한다. 가장 극명하게 알 수 있는 장소는 퍼스트 클래스이다. 여기에 타는 사람은 전부 경제신문만 찾는다고 한다. 우리가 인터넷을 볼 때 습관적으로 스포츠나 연예인 가십거리에 먼저 눈이 돌아가는 일이 많다. 이제부터라도 의도적으로 경제면을 보는 훈련을 해야 한다. 최근에는 경제신문이 아닌 일반 신문도 경제 섹션을 만들어 많은 지면을 할애하니 일반 신문 경제면도 좋다.

　당신보다 훨씬 돈도 많고, 지위도 높고, 가진 것도 많은 부자는 쉬지 않고 경제의 흐름을 놓치지 않으려 노력한다. 당신은 얼마나 자주 경제 뉴스를 읽었는가? 현재 어떤 경제 문제가 연일 뉴스에 나오는지 알고 있는가? 나와는 전혀 상관없는 일이라 생각하고 관심조차 없으면서 부자는 되고 싶은가?

대한민국은 세계 10위권 정도의 경제 규모다. 경제 규모와 달리 한국 돈의 가치는 그다지 매력적이지 못하다. 우리나라는 달러에 연동되어 환율이 움직이는데 이 환율은 엄청나게 중요하다. 환율이 어떻게 움직이냐에 따라 대한민국에 들어오고 나가는 달러의 규모가 달라진다. 환율 움직임에 따라 자산시장이 들썩거릴 정도다.

한국 원화가 어떻게 움직일 것인지를 예측하고 대비하는 건 그래서 중요하다. 정확하게는 한국 원화가 아닌 달러가 어떻게 움직이는지 아는 것이 중요하다. 이런 경제 흐름을 아는 건 필수를 넘어 생존 조건이다. 주식투자나 부동산 투자를 할 때도 경제 흐름을 모르면 필패한다.

다행히 최근에는 좋은 채널이 많다. 카페, 블로그, 유튜브 등에서 양질의 정보를 많이 전달하고 있다. 각자의 영역에서 오랜 경험과 이론을 토대로 지식과 정보를 알려준다. 이런 전문가가 쓴 블로그 글을 읽거나 유튜브 영상을 시청하면서 경제 흐름을 놓치지 않도록 해야 한다. 조금만 찾아보면 정보가 넘칠 정도로 많다는 걸 확인할 수 있다.

100년이 지나도 변화가 크지 않았던 과거와 달리 지금은 일주일만 뉴스를 보지 않아도 넘치는 정보를 쫓아가지 못할 정도다. 다행히 일주일 정도는 아무 일도 없을 수 있다. IMF 외환위기 사태나 금융위기 같은 큰 사건은 갑자기 찾아오지 않는다. 이런 사건은 내 삶에 엄청난 영향을 미칠 만한 파급력을 지녔다. 우리가 경제 흐름을 늘 관찰해야 하는 이유다.

한국은행의 기준금리 결정도 놓쳐서는 안 된다. 기준금리는 당장 내 예금이자와 대출금리에 영향을 미친다. 이렇게 중요한 걸 놓치면 내 자산이 위험에 노출될 수 있다. 내 자산이 순식간에 녹아내리는 걸 알았을 때는 이미 늦는다.

노력해도 경제 흐름을 예측하는 건 어렵다. 경제학자도 매번 전망이 틀린다. 날씨 전망을 맞힐 확률이 좀 더 크다고 할 정도다. 경제는 순식간에 변하지 않는다는 점이 그나마 우리에겐 다행이다. 꾸준히 경제 관련 뉴스 등을 읽으며 대비하면 늦지 않게 쫓아갈 수는 있다. 그 정도만으로도 내 소중한 자산을 충분히 지킬 수 있다.

돈도 없고, 강연을 들으러 다닐 시간도 없고, 경제 뉴스를 봐도 모른다고 포기할 것인가? 그렇다면 평생 부자가 되고 싶지 않다고 고백하는 것이나 마찬가지다. 부자가 그리 쉽게 될 리 없다. 경제 공부는 죽을 때까지 해야 한다. 자산을 굴리고 불리고 유지하기 위해서.

자본주의는 불평등하다

대한민국 프로야구팀 중 오랫동안 성적이 좋지 않은 팀에서 에이스 역할을 했던 류현진 선수가 있다. 그는 모든 야구인의 꿈인 메이저리그에 입성하여 훌륭한 업적을 선보였다. 2019년 LA다저스에서 평균자책점 2.32로 내셔널리그 1위를 했다. 이를 근거로 2019년 12월 토론토 블루제이스와 4년 8천만 달러에 계약했다. 류현진 선수가 받는 연봉에 대해서는 누구도 딴지를 걸지 않는다. 모두 자기 일처럼 기쁜 마음으로 축하했다.

류현진 선수가 받는 연봉을 부러워하며 지금부터 죽어라 연습해서 메이저리그에 입성하겠다고 노력하는 사람은 없다. 류현진 선수는 나와 다르다고 생각하고 그저 말없이 그의 활약을 응원하는 사람이 대다수다. 노력만으로는 한국 프로야구에 입성하는 것조차도 이룰 수 없다는 현실을 받아들인다. 내가 아무리 노력해도 류현진과 같은 신체 능력과 야구 센스를 가질 수 없다. 해 보지 않아도 이미 알고 있다. 취미로 사회인 야구 활동을 하더라도 프로선수는 꿈도 꾸지 않는다. 사회인 야구를 하면서 류현진이 얼마나 대단한지 간접적으로 깨닫기 때문이다.

민주국가가 생기기 전에는 천민 신분이 있었고, 양반 신분이 있었고, 왕족이 있었다. 특별한 일이 없는 한 태어날 때부터 정해져 있었다. 인도는 불가촉천민이라고 하여 사회의 가장 밑바닥 계층이 존재한다. 과거에만 존재했던 계층이 아니다. 지금도 여전히 불가촉천민은 인도 사회에서 제대로 대접받지 못한다. 배우고 싶어도 배울 수 없고 사회 활동을 제대로 하고 싶어도 하기 어렵다. 공식적인 사회 제도로는 신분 제약이 없지만 여전히 사람들의 인식 때문에 활동이 막히는 경우가 많다. 어쩔 수 없이 불가촉천민 계층은 외국으로 나가려고 노력한다. 이마저도 어느 정도 능력이 되는 불가촉천민만 해당되는 사치라 할 수 있다.

아직도 일부 국가나 민족에는 신분이 존재하지만 대부분은 신분 차별이 없다. 누구나 태어날 때부터 동등한 권리를 가진다. 대기업의 사장 자녀로 태어나거나 가난한 집 자녀로 태어나거나 똑같은 대한민국 국민이다. 부모의 사랑을 받는 것도 같다. 대기업 사장 자녀가 가난한 집 자녀보다 더 큰 사랑을 받는 건 분명히 아니다.

그렇지만 부잣집 자녀는 가난한 집 자녀보다 출발선에서 앞서 있다. 과거와 달리 '개천에서 용 난다'는 속담처럼 되기가 점점 힘들어지고 있다. 서울 강남에 그토록 많은 사람이 몰려드는 이유 중 하나는 학군이다. 좋은 대학을 졸업하고 외국에 나가 MBA와 같은 타이틀을 따서 한국으로 돌아오는 경우도 많다.

부잣집 자녀로 살면 다양한 경험을 할 수 있다. 안타깝게도 가난한 집 자녀로 태어나면 다양한 경험을 거의 하지 못한다. 예전과 달리 지금 학교에는 '현장 체험 학습'이라는 것이 있다. 부모님과 여행을 간다고 학교에 제출하면 출석으로 인정받는다. '현장 체험 학습' 제도를 활용하여 외국에 나가 한국에서 경험하지 못하는 문물을 체험할 수 있다. 코로나가 발병하기 이전에 부자 동네 초등학교는 6월 말이면 한 학급의 절반 이상이 학교에 나오지 않고 외국으로 단기 유학을 떠날 정도였다.

어릴 때부터 보고 느끼는 경험의 범위가 다르면 꿈의 크기도 달라진다. 부잣집 자녀는 외국에 나가 나와는 완전히 다른 가치관과 세계관을 가진 또래 외국인을 만난다. TV나 책에서만 보던 외국 문물을 직접 경험한 아이와 그렇지 않은 아이가 바라보는 세상은 다를 수밖에 없다. 경험의 차이는 꿈의 차이로 나타난다. 자라면서 공부에 대한 의지도 달라진다. 살아가야 할 이유도 차이가 날 수밖에 없다. 대한민국이 먹고 살기 힘들던 70~80년대만 해도 부유하든 가난하든 경험의 차이는 크지 않았다. 90년대에는 조금 나아졌지만 그래도 외국 여행은 아무나 할 수 있는 경험이 아니었다. 절차도 복잡했고 두려움이 앞서는 일생의 프로젝트였다. 부자라도 쉽게 누릴 수 있는 경험은 아니었다.

누구도 민주주의를 이룬 자본주의 국가에 신분이 존재한다고 믿지 않는다. 제도, 법, 신분으로 내가 하고 싶은 걸 막지 못한다. 하지만 눈에 보이지 않는 차별과 제약이 존재한다는 건 모두 인정한다. 태어날 때부터 다른 출발선에서 시작한다는 걸 자라면서 누구나 알게 된다.

평등하게 태어났지만 모두가 평등하게 살아갈 수 있는 건 아니다. 인류가 지금처럼 문명을 발전시킨 근본적인 원동력은 바로 경쟁에 있다.

끊임없는 경쟁이 인류를 앞선 존재로 만들었다. 인류 역사에서 자본주의가 현재 득세하는 이유는 경쟁을 통해 승자가 많은 것을 가질 수 있도록 하여 인간의 욕망을 해소해줬기 때문이다.

이 과정에서 자본주의는 탐욕이 극에 달했고 승자독식을 만들었다. 부익부 빈익빈 현상이 고착화되었다. 부자들은 가난한 사람들이 부자의 길로 들어서지 못하게 사다리를 걷어차는 일도 서슴지 않는다. 부자나라는 한창 경제가 성장하는 개발도상국에 온갖 회유와 압박을 하여 성장하지 못하게 하기도 한다. 자신들만 계속 부자 나라로 남아 가난한 나라들로부터 이익을 챙기려는 것이다.

다행히 한국은 가난한 나라가 아니다. 제도적으로나 법적으로 평등한 나라다. 법이나 제도가 자신이 하고 싶은 것을 막지 못한다. 기회가 평등하게 주어지지 않는다는 불만과 불평에는 귀를 기울여야겠지만, 아직은 개인이 의지를 갖고 노력하면 원하는 것을 얻을 수 있는 나라다. 앞으로도 그럴 것이라 믿는다.

그러나 착각하지 말아야 한다. 모든 국민이 평등하다는 것이지, 자본주의가 평등하다는 것은 아니다. 자본주의는 불평등하다. 가진 사람이 더 가지는 승자독식이 가능하기 때문이다. 이런 불균형을 해소하려고 정부는 복지를 확대하고 제도를 개선하고 있다. 그러나 최소한의 생활이 가능하게 만드는 정도다. 국민들이 행사하는 한 표의 투표권이 무서워 마지못해 하는 정권 유지용 액션이다.

자본주의 속성을 극한으로 밀어붙인 신자유주의(국가의 시장개입을 비판하고 시장의 기능과 민간의 자유로운 활동을 중시) 사상은 금융위기와 더불어 한계를 드러냈다. 금융위기 이후 또다시 자본주의는 인간의 욕망을 끊임없이 자극했고 불평등은 개선되지 않았다. 우리는 일부 탐욕스러운 부자들에게 쏠리는 부의 편중을 막고 개선하려고 노력해야 한다. 인간의 근본적인 본능을 최대치로 끌어내는 장점이 있는 자본주의는 태생적으로 불평등하기 때문이다. 이런 현실을 외면해선 안 된다.

사람들은 북유럽 국가의 복지를 부러워한다. 그러나 북유럽 국가는 복지를 유지하기 위해 소득의 40% 이상을 세금으로 낸다는 사실을 사람들은 잊어먹는다. 노르웨이의 복지는 석유 때문이라는 사실은 모르거나 알아도 무시한다. 먹고살 걱정을 전혀 하지 않고, 적당히 일해도 살아갈 집을 마련할 수 있고, 휴가도 마음껏 즐길 수 있는 유토피아는 상상 속에서나 가능하다. 그렇더라도 국가는 가난한 사람이 최소한의 삶을 영위할 수 있도록 경제적 지원을 해야 한다. 부자들이 사다리를 걷어차는 비열한 행위를 하지 못하도록 감시하고 법과 제도로 막아야 한다.

한편 자본주의가 지속되는 한 자본주의에서 살아가는 사람은 경쟁을 통해 각자가 원하는 것을 얻을 수 있다는 사실을 잊으면 안 된다. 더러운 세상이라며 한탄하고 원망하고 저주해도 변하는 건 없다. 가진 자들의 세상이라며 사회 전복을 꿈꿔도 소용없다. 역사 속에서 가진 자는 얼굴을 바꾸면서 계속 나타날 뿐이다.

왜 내가 부자가 되겠다는 욕망은 가지지 않는가? 욕망은 당신을 성장시키고 노력하게 만든다. 자본주의는 그런 사람을 원한다. 그런 사람들이 인류를 발전시켜 왔다. 우리는 각자 능력이 다르고 잘할 수 있는 분야도 다르다. 누구나 남보다 잘할 수 있는 분야가 있다. 자본주의는 상대적으로 잘할 수 있는 분야에서 자신의 능력을 키워 돈을 버는 곳이다.

어떤 사람이 잘할 수 있는 분야에서 노력하여 무언가를 성취했을 때 그 사람을 깎아내리면 마음은 편할지 모른다. 하지만 당신이 잘할 수 있는 분야에서 노력하여 성공했어도 사람은 평등해야 한다고 말할 텐가? 내가 노력한 만큼 남들보다 앞설 수 있다. 불평등은 당신을 남과 다른 존재로 만들어 준다. 자본주의는 바로 그 불평등을 근거로 돈을 버는 시스템이다.

내가 정답이다

어떠한 부연 설명도 없이 갑자기 '배'라는 단어를 듣는다면 어떤 이미지가 떠오를까?

맛있게 먹을 수 있는 배?

신체의 일부분인 배?

물 위에 떠 있는 배?

어떤 수의 곱셈인 배?

각자의 인식에 따라 떠오르는 이미지가 달라진다. 직전에 듣고 보고 생각했던 단어에 영향을 받아 그와 연관된 '배' 이미지가 떠오를 수 있다. 그럼에도 다수의 사람이 이야기하는 이미지가 있게 마련이다. 10명 중 5명이 먹는 배를 떠올렸다면 다수가 떠올린 이미지로 인해 정답은 먹는 배가 된다.

누군가는 자신이 떠올린 이미지가 상대방과 같다고 고개를 끄덕인다. 누군가는 자신이 떠올린 이미지가 틀렸다고('다르다'가 아니라) 멋쩍은 웃음을 지을 수도 있다. 다수의 사람이 제시한 이미지는 무조건 정답이라고 해야 할까? 다른 이미지를 떠올린 사람은 오답인가?

여기서 중요한 건 문제를 출제한 사람이 생각한 이미지다. 출제자가 생각한 답이 정답이다. 만약 문제 출제자가 질문만 던져 놓고 사라진다면 어떻게 될까? 모두가 서로 자신이 맞다고 주장한다. 다수가 말한 이미지가 정답이 되어버리는 현상도 나타난다.

어떤 사람이 '배'라는 단어는 먹는 배가 당연하다는 주장을 펼친다. 이 사람은 직전에 밥을 먹고 왔을 가능성이 있다. 어떤 사람은 '배'라는 단어는 원래 신체 일부인 배를 떠올리는 것이 자연스럽다고 주장한다. 이 사람은 직전에 배가 아파 화장실을 다녀왔을 수 있다. 그러나 10명 중 5명이 떠 올린 이미지가 먹는 배라서 정답은 먹는 배로 귀결된다. 나머지 사람들은 서서히 입을 다물게 된다.

다수의 의견이 모여 상황이 종료되고 문제 출제자가 다시 등장한다. 출제자는 자신이 생각했던 '배'는 바로 곱하기의 배였다고 말한다. 즉시 한 명이 외친다. "그럴 줄 알았어! 내가 생각했던 이미지가 바로 그거였어!" 그는 진작 이렇게 말하고 싶었지만 다수의 분위기에 주눅 들어 의견을 이야기하지 못했다고 한다.

사람들은 출제자의 의도를 정확하게 파악한 영웅에게 찬사를 보낸다. 방금 전까지 그가 영웅이 될 것이라는 어떤 힌트나 조짐도 없었다. 실제로 그가 곱하기의 배를 생각했는지 검증할 방법도 없다. 알아보려 하지도 않는다. "그런 이야기는 나도 하겠다."라며 먼저 외치지 못한 자신을 한탄하는 사람도 있다.

정답은 출제자의 마음속에 있었다. 정답에 대해 서로 의견을 나누었는지 다수가 생각한 이미지였는지는 중요하지 않다. 출제자가 생각한 정답이 중요하다. 모두 출제자가 생각한 정답을 찾아야 한다. 내 의견이나 생각은 중요하지 않다. 고민하고 연구하여 출제자의 생각을 맞혀야 한다. 그게 최선이라 믿는다.

사람들은 정답을 위한 공식을 외운다. 외운 공식대로 행동하면 성공한다고 믿는다. 수학 공식처럼 공식을 외우면 문제를 풀 수 있다고 믿는다. 공식을 알려준다는 책과 강의에는 연일 사람들이 몰리고 환호성이 넘친다. 책과 강의에서는 "나만 믿고 따라 하면 당신도 성공할 수 있다."라고 외친다. 카리스마가 넘친다. 사람들은 별 의심 없이 따라 한다.

공식을 알려주는 책이나 사람의 성공담은 결코 정답이 아니다. 그 사람이 성공한 공식일 뿐이다. 그 사람의 노력과 행운이 결부되어 성공했을 뿐이다. 경제환경, 제도, 정책 등에 따라 결과는 얼마든지 달라질 수 있다. 어제는 정답이라고 생각했던 것이 오늘은 완전히 오답으로 판명되는 일도 많다. 그런데도 정답을 외우라고 하고 자신을 믿으라고 외친다. 결국 사람들을 잘못된 길로 이끌고 더 많은 것을 잃게 만든다.

성공한 사람은 자신이 무조건 옳다고 주장한다. 자신이 했던 방법을 그대로 따라 하라고 한다. 사업을 해야 성공한다면서 관련 강의를 들으라고 한다. 부동산 투자는 필수라며 부동산 강의를 듣게 한다. 주식투자를 해야 뒤처지지 않는다며 주식 강의를 듣게 한다. 이런 강의를 다 듣는다고 과연 성공할 수 있을까?

성공한 사람의 행동을 모방한다고 성공하는 건 아니다. 정답을 외우지 말고 정답을 만드는 방법을 배워야 한다. 성공한 사람이 그렇게 행동했던 이유를 고민해야 한다. 즉 성공한 사람이 활동했던 당시 경제 상황이나 사회 상황을 파악하고, 그가 그러한 결론을 내린 과정과 이유를 이해하려고 노력해야 한다.

산업 혁명이 일어난 후 기업들은 단순 조립과 생산을 위해 적당히 교육받은 노동력이 필요했다. 이를 위해 가장 효율적으로 배울 수 있게 발전시킨 것이 현재 제도권 교육이다. 산업 역군을 만들기 위한 방법이었다. 획일화된 문제에서 빠른 정답을 찾는 교육이 지금까지 이뤄졌다. 효율적으로 인간의 노동력을 이용하기 위해서 성적을 매기고 줄을 세워 필요한 인간을 뽑아 쓸 수 있었다. 개인의 매력과 능력은 중요한 요소가 아니었다.

이러한 교육의 결과로 사람들은 정답을 찾는 데 익숙해졌다. 공식을 외워 고득점을 얻는 것이 인생의 지름길로 인식되었다. 하지만 공식을 외워 정답을 찾는 것은 일정 수준까지만 효율적인 방법이다. 이런 교육환경에서 고득점을 받으려면 공식을 외우고 출제자의 의도를 파악하여 문제의 정답을 발견해야 한다. 내 생각은 중요하지 않다. 출제자가 원하는 딱 하나의 정답을 찾아야 높은 점수를 얻는다. 생각할 틈도 없이 아주 빠른 속도로 찾아야 한다.

'이렇게 해야 성공한다'고 알려주는 책이 종종 베스트셀러가 된다. 성공 방식을 알려주고, 무조건 따라 하면 원하는 정답을 얻는다고 주장한다. 이런 책이나 강의는 지금도 사람들에게 열렬한 환호를 받는다. 반면에 빨리 정답을 찾는 방법이 아니라 정답을 만드는 방법을 알려주는 책은 인기가 없다.

초등학생 조카가 시험 문제를 틀린 적이 있다. 그 문제는 다음과 같다.

학교에서 집으로 돌아오면 가장 먼저 해야 할 일은 어느 것입니까?

(1) 과자 먹기

(2) 만화 영화 보기

(3) 컴퓨터 게임하기

(4) 친구와 만나서 놀기

(5) 준비물과 숙제 확인하기

조카는 1번을 정답이라고 제출하였고 오답으로 처리되었다. 이 문제에 정답이 존재한다고 생각하는가? 1번을 정답으로 제출한 조카는 이제부터 자신이 생각한 정답이 아니라 출제자가 생각한 정답을 찾는다. 자기 생각이 아니라 다른 사람의 생각이 맞는지 눈치 보기 시작한다. 어릴 때부터 이렇게 획일적인 사고방식을 배웠으니 성인이 되어서도 정답을 찾으려고 노력하게 된다. 자신이 생각하는 정답이 아니라.

세상에는 절대적인 공식도 없고 정답도 없다. 정답을 찾으려 하지 말고 정답을 만들어야 한다. 우리가 살아가는 인생 앞에 놓인 길은 누구도가 보지 않았다. 인생길은 늘 처음이다. 길을 찾아주는 내비게이션도 없고 빠른 길을 알려주는 지도도 없다. 길을 가는 공식이 없으니 스스로 개척해야 한다.

당신 앞에 놓인 길을 빨리 찾아갈 수 있다며 지도를 파는 사람이 있다. 과연 정확하고 확실한 지도를 파는 것일까? 그 길은 누구도 가 본 적이 없다. 오로지 당신만이 찾아가야 할 길이다. 당신만이 만들 수 있는 길이다. 누군가 알려주고 찾아주는 길은 정답이 아니다. 정답을 찾으려 하지 말고 스스로 정답을 만들어야 한다.

166

"여러분에게 주어진 시간은 한정적이다. 다른 사람 인생을 살면서 삶을 허비하지 마라. '도그마'에 갇히지 마라. 이건 다른 사람들이 만들어 놓은 것이다. 다른 사람 의견이 당신 내부 목소리를 가라앉히게 하지 마라. 가장 중요한 건, 당신 마음과 직감을 따를 용기를 가져야 한다는 것이다."

스티브 잡스

"Your time is limited, so don't waste it living someone else's life. Don't be trapped by dogma - which is living with the results of other people's thinking. Don't let the noise of others' opinions drown out your own inner voice. And most important, have the courage to follow your heart and intuition."

Steve Jobs

금리를 알아야 한다

□ 금융통화위원회는 다음 통화정책방향 결정시까지 한국은행 기준금리를 현재의 2.50%에서 3.00%로 상향 조정하여 통화정책을 운용하기로 하였다. 높은 물가 오름세가 지속되는 가운데 환율 상승으로 인해 물가의 추가 상승압력과 외환부문의 리스크가 증대되고 있는 만큼 정책대응의 강도를 높일 필요가 있다고 판단하였다.

□ 세계경제는 높은 인플레이션 지속, 미 연준의 긴축 기조 강화, 우크라이나 사태 장기화 등의 영향으로 경기 둔화가 이어졌다. 국제금융시장에서는 미 달러화 강세 기조 강화로 주요국의 통화 가치가 절하된 가운데 장기시장금리가 큰 폭 상승하고 주가가 하락하였으며, 일부 국가에서는 금융불안이 나타났다. 앞으로 세계경제와 국제금융시장은 국제원자재가격 및 글로벌 인플레이션 향

방, 주요국의 통화정책 변화 및 미 달러화 움직임, 지정학적 리스크 등에 영향받을 것으로 보인다.

□ 국내경제는 소비가 회복 흐름을 이어갔지만 수출 증가율이 낮아지면서 성장세가 둔화되었다. 고용 상황은 큰 폭의 취업자수 증가가 이어지는 등 개선세를 지속하였다. 앞으로 국내경제는 글로벌 경기 둔화, 금리 상승 등의 영향으로 성장세가 점차 낮아질 것으로 예상된다. 금년 성장률은 지난 8월 전망치(2.6%)에 대체로 부합하겠지만 내년은 지난 전망치(2.1%)를 하회할 것으로 전망된다.

□ 소비자물가는 석유류 가격 오름세 둔화에도 개인서비스 및 가공식품 가격의 상승폭이 확대되면서 5%대 중후반의 높은 오름세를 지속하였다. 근원인플레이션율(식료품 및 에너지 제외 지수)과 기대인플레이션율도 4%대의 높은 수준을 이어갔다. 앞으로 소비자물가는 환율 상승의 영향 등이 추가 물가 상승 압력으로 작용하면서 상당기간 5~6%대의 높은 오름세를 지속할 것으로 예상된다. 금년 및 내년 소비자물가 상승률은 8월 전망치(5.2% 및 3.7%)에 대체로 부합하겠지만, 경기 둔화에 따른 하방압력에도 불구하고 환율 상승, 주요 산유국의 감산 등으로 상방 리스크가 큰 것으로 판단된다.

□ 금융시장에서는 미 달러화 강세와 엔화, 위안화 약세 등에 영향받아 원/달러 환율이 크게 상승하고 외국인 증권투자자금이 순유출되는 등 외환부문을 중심으로 변동성이 확대되었다. 장기시장금리는 큰 폭 상승하였고 주가는 크게 하락하였다. 가계대출은 소폭 감소하고 주택가격은 하락폭이 확대되었다.

□ 금융통화위원회는 앞으로 성장세를 점검하면서 중기적 시계에서 물가상승률이 목표수준에서 안정될 수 있도록 하는 한편 금융안정에 유의하여 통화정책을 운용해 나갈 것이다. 국내 경기가 둔화되고 있지만, 물가가 목표수준을 크게 상회하는 높은 오름세를 지속할 것으로 예상되므로 금리인상 기조를 이어나갈 필요가 있다. 이 과정에서 향후 금리인상의 폭과 속도는 높은 인플레이션의 지속 정도, 성장 흐름, 주요국의 통화정책 변화, 자본유출입을 비롯한 금융안정 상황, 지정학적 리스크 등을 면밀히 점검하면서 판단해 나갈 것이다.

보도자료 : 한국은행 통화정책방향 2022년 10월 12일

위 보도자료는 한국은행에서 발표한 통화정책방향 전문이다. 코로나 이후 전 세계적으로 상승한 물가를 잡기 위해 정부가 금리를 급격히 올렸다. 그러자 기준금리에 관심이 없던 사람도 심각성을 깨닫기 시작했다. 한국은행에서 기준금리를 올리느냐 내리느냐에 따라 자산시장 전체가 영향을 받는다. 기준금리가 오르면 기업이 채권을 발행할 때 높은 이자를 감당해야 한다. 금리에 따라 갚아야 할 이자도 달라진다.

지금까지 살면서 금리에 관심이 없었고 금리의 영향을 피부로 느끼지 못했다면 당신은 십중팔구 부자가 아니다. 경제활동을 하는 주체들에게 금리는 우리 몸속에 흐르는 피와 같은 역할을 한다. 특히 부자는 금리에 더욱 민감하게 반응한다. 금리가 오른다면 은행에서 받는 예금이자가 더 많아진다. 전보다 더 많은 이자를 받을 수 있으니 굳이 위험을 감수하며 투자하지 않는다.

반대로 금리가 내려가면 은행에서 받는 예금이자가 줄어든다. 은행이자로 매월 먹고사는 자산가는 이자가 줄어드니 생활비를 줄여야 한

다. 기업도 마찬가지다. 금리가 올라가면 기업은 이자를 더 많이 지출해야 한다. 그만큼 기업 이익도 줄어든다. 금리가 내려가면 은행 대출 이자가 줄어들고 기업은 여유 자금이 생겨 투자를 할 수 있다.

미국의 금리가 1%인데 한국의 금리가 3%라고 하자. 이때는 미국 은행에서 돈을 빼 한국 시중 은행에 예치하는 것이 유리하다. 무려 2%나 되는 이자 차익을 얻을 수 있기 때문이다. 이자 차익을 노리고 미국에서 들어온 달러는 원화로 환전되어 시중 은행에 입금된다. 은행은 넘치는 돈을 주체하지 못하고 대출해 주려고 노력한다.

은행은 쌓인 돈을 투자하려는 사람들에게 대출해 준다. 저리로 받을 수 있는 대출은 부동산 가격을 상승시킨다. 투자자들이 대출받아 부동산을 매수하기 때문이다. 쉽게 대출받을 수 있는 환경이 조성되고 사람들이 부동산을 매수하면 부동산 가격이 오르기 시작한다. 부동산 가격이 오르면 자산이 늘어난다. 당장 쓸 수 있는 현금은 아니지만 마음의 여유가 생기고 사람들이 소비를 한다. 늘어난 소비는 시장에 돈을 돌게 만들고 경제는 호황을 맞이한다.

반대로 금리가 올라가면 사람들은 은행에서 쉽게 대출받지 못한다. 은행에 더 많은 이자를 은행에 지급해야 하니 몸을 사린다. 돈 있는 사람들은 은행 금리가 높으면 굳이 위험을 감수하지 않는다. 투자한 자산에서 돈을 빼 은행에 예치한다. 점점 자산시장이 위축된다. 돈이 돌지 않으면서 소비가 줄어든다. 돈을 버는 사람이 줄어들며 불황이 온다.

금리는 현대에 와서 새로 시행한 정책이 아니다. 과거부터 존재했다. 기원전 1800년 바빌로니아 함무라비 법전에도 이자에 대한 언급이 있을 정도로 금리는 인류 역사에 늘 존재했다. 현대에 와서 금리는 돈의 역할로 더욱 중요해졌다. 생활필수품을 물물교환하던 시대와 달리 이제는 생활필수품을 비롯한 모든 것을 돈으로 교환할 수 있는 시대가 되었다. 돈을 보관하고 빌려주는 시대가 되면서 이자라는 개념이 확고히 자리잡았다. 금리는 이자의 수준을 결정하는 중요한 수단으로 정부가 시장의 경제 흐름을 통제하는 방법이 되었다.

투자나 사업을 할 때 기준이 있어야 하는데 금리는 가장 확실하고 분명한 기준이다. 먼저 주변의 누군가와 비교해 보자. 내가 투자로 10%의 수익을 냈어도 누군가 20%의 수익을 냈다면 실패한 느낌이 든다. 내가 5%의 수익을 냈는데 누군가 2%의 수익을 냈다면 성공한 투자로 느껴진다. 그러나 우리 주변의 누군가와 비교하는 건 대상 범위가 너무 넓어 공정한 비교가 되지 못한다.

이때 금리는 가장 확실하고 분명한 기준이 된다. 내가 10%의 수익을 냈는데 기준금리가 11%라면 차라리 은행에 돈을 넣는 게 훨씬 편하게 돈 버는 방법이다. 내가 3% 수익을 냈는데 기준금리가 1%라면 확실히 잘한 행동이다. 이런 이유로 금리는 투자 수익을 추구하는 사람들에게 좋은 벤치마크 기준이 된다. 아무리 훌륭한 수익을 냈다고 해도 그것이 기준금리보다 못한 수익률이라면 하지 않으니만 못하다. 차라리 그 돈을 은행에 넣었으면 아무런 위험을 감수하지 않고 더 큰 이익을 볼 수 있었다. 따라서 투자할 때는 위험 감수를 고려하여 '금리 + 알파'를 기준으로 삼고 그 이상의 수익을 내야 한다.

경제가 10%대의 고성장을 하던 시절에는 투자라는 개념이 중요하지 않았다. 은행에 넣는 것만으로도 무위험 고수익이 가능한데 누가 위험을 감수하며 투자하겠는가? 당시에는 최소한 12% 이상 수익이 나지 않는다면 아무도 투자에 눈을 돌리지 않았다. 과거와 달리 경제성장률이 2~3%가 된 대한민국은 은행에 돈을 넣어서는 만족스러운 수익을 낼 수 없게 되었다.

대한민국 자산시장이 본격적으로 고수익을 냈던 시기는 경제성장률이 높았던 때가 아니다. 경제성장률이 점점 꺾이는 시절부터 고수익을 내기 시작했다. 경제성장률이 떨어지자 사람들은 은행 금리 이상의 수익을 낼 수 있는 자산시장에 돈을 넣기 시작했다. 예전보다 기업이 성장하지 못하고 정체했는데도 주가가 오른 이유가 바로 여기에 있다.

부자에게 금리가 더욱 중요한 이유는 돈의 규모가 다르기 때문이다. 100억 부자가 은행에 돈을 예치하고 금리가 5%라면 해마다 받는 이자는 5억 원이다. 세금을 제한다고 해도 이 정도의 금액이라면 위험을 감수하며 투자할 필요성을 느끼지 못한다. 1,000만 원을 보유한 당신이 은행에 예치하면 겨우 이자 50만 원을 받는다. 1,000만 원만 있는 사람은 어지간한 금리에는 관심이 없다. 투자로 더 큰 수익을 노린다. 위험을 감수하고서라도 돈을 불리려고 노력한다.

자산시장은 금리에 따라 움직인다는 사실을 알아야 한다. 다만 무조건 위험을 감수하며 투자한다고 이익을 보는 건 아니다. 큰 틀에서 금리가 어떤 식으로 움직이는지 파악하여 그에 맞는 투자를 할 때 훨씬 안전한 투자가 되고 성공 확률을 높일 수 있다.

자산시장이 호황일 때는 금리가 최고점에 다다를 때가 많고, 자산시장이 침체에 빠져 있을 때는 금리가 최저수준일 때가 많다. 정부에서 정책 금리를 의도적으로 올리고 내리는 이유다. 국가 경제가 과열되거나 침체되는 것을 막으려는 노력이다. 다만 국가 정책 금리 변경이 자산시장에 효과를 발휘하려면 시간이 필요하다. 이 시간 갭을 이해하지 못하는 일반인은 늘 한발 늦게 움직인다.

부동산투자를 하는 사람은 금리의 오르내림에 따라 은행 대출 이자가 요동치니 늘 주시해야 한다. 주식투자를 하는 사람은 기준금리가 오르거나 내리면 주가가 움직인다는 걸 기억해야 한다. 사업하는 사람은 금리에 따라 지출하는 이자가 달라지고 대출 가능 여부도 달라진다는 걸 알아야 한다. 이런 이유로 부자는 늘 금리를 주시하며 자산을 재편성한다.

현재 금리가 몇 %인지 관심도 없고, 기준금리를 발표 뉴스를 무심히 넘긴다면 당신은 분명히 부자가 아니다. 앞으로도 금리에 신경 쓰지 않는 삶을 산다면 한 가지는 확실하다. 당신이 부자가 될 가능성은 극히 희박하다!

돈이 흐르는 곳에 투자하라

    지구 위에 대형 접시가 있다고 생각하자. 대형 접시는 나무막대 2개로 된 받침대 위에 놓여 있다. 물(돈)이 대형 접시로 끊임없이 유입되어 흐르고 있다. 평소에 접시는 평형 상태로 있어서 넘치는 물은 골고루 지구 위로 떨어진다. 물은 특정 지역에 치중되지 않고 떨어져 세계 구석구석으로 퍼진다. 전 세계에 충분한 돈이 흘러 다 함께 풍요로운 시절을 누린다.

    실제 현실에서는 이렇게 이상적으로 돈이 흘러가지 않는다. 그것도 절대로! 대형 접시는 아주 크고 받침대는 불안정하다. 받침대 아래에는 대형 접시에 있는 물을 자기 쪽으로 흐르게 만들려는 무리가 있다. 그들은 자신들이 원하는 방향으로 물이 떨어지게 만들기 위해 합심해서 받침대를 민다. 균형 상태에서 골고루 흐르던 물(돈)이 한쪽으로 과도하게 쏠리면서 물이 넘치기 시작한다.

접시에서 떨어지는 물이 바이오, IT 업종, 유통 분야로 쏟아지면 관련 주식으로 돈을 버는 사람이 생긴다. 수도권 아파트나 지방 아파트로 물이 쏟아지면 부동산으로 돈을 버는 사람이 생긴다. 여론을 만드는 사람들, 애널리스트, 블로거, 유튜버, 경제학자 등이 떠들어대는 여론(조작)에 따라 투자자들은 물이 흐르는 곳으로 움직인다.

물을 한쪽으로 흐르게 하려고 노력하는 무리는 어떻게 하든 투자자들을 움직이게 만들려고 한다. 이들은 어떻게 투자자들을 움직여서 더 많은 돈을 벌지 생각한다. 모두 단 하나의 목표를 위해 움직인다. 이 방향으로 가면 돈을 벌 수 있다는 신호를 투자자들에게 지속적으로 보낸다. 투자자들은 이들의 영향력을 신뢰한다. 이들이 보내는 신호를 믿고(또는 착각하고) 투자자들이 많이 움직일수록 큰돈을 번다. 물은 끊임없이 다른 지역, 산업부문, 자산으로 흘러간다.

접시가 어느 쪽으로 기울어져 물(돈)이 흐르냐에 따라 가격이 오르는 자산이 생긴다. 반대로 물(돈)이 유입되지 않아 가격이 하락하는 자산도 생긴다. 물이 어느 쪽으로 흐르냐에 따라 자산시장에도 부익부 빈익빈이 생긴다. 이런 돈의 흐름을 '유동성'이라 한다. 유동성은 자산시장을 움직이게 만든다.

금과 연동하여 화폐를 발행하던 시대와 달리 오늘날은 신용에 의해 돈이 계속 공급된다. 신용(빚)으로 화폐를 발행하는 오늘날의 금융 통화시스템에서는 언제나 돈이 흘러넘치는 자산이 반드시 생기기 마련이다. 무조건 돈이 흘러갈 수밖에 없는 새로운 호재를 만들어 낸다. 특별한 기술인지는 중요하지 않다. 오로지 사람들의 관심을 유도하는 것이 중요하다.

투자자 대부분은 돈의 큰 흐름에는 관심이 없다. 오로지 유명 강사가 찍어주는 강의, 유명 유튜버가 알려주는 방송, 유명 블로거가 쓴 글에서 당장 돈이 될 만한 것에만 관심이 있다. 접시의 물이 흘러넘쳐 한쪽으로 쏟아지고 특정 시장이 뜨기 시작한다. 뒤늦게 상황을 파악한 사람들은 물이 쏟아진 곳으로 달려간다. 이때 가장 많은 돈이 넘쳐난다. 그러나 바로 그때가 상투의 절정이라는 것을 모른다.

특정 시장으로 돈이 흘러 들어가기 시작하면 모두 그곳으로 몰려든다. 접시의 물이 넘치면서 사람들은 몰려들고 돈이 모이기 시작한다. 돈이 몰리기 시작하면 그 누구도 통제할 수 없는 상황으로 치닫는다. 한동안 그 자산은 하늘 높은 줄 모르고 오른다.

몇몇 똑똑한 사람은 가격이 너무 올라 위험하다는 것을 눈치챈다. 이들은 가격이 높게 올라 고평가된 자산을 팔고 가격이 낮은 저평가된 자산을 매입한다. 여전히 고평가된 자산시장에서는 정직하지 못한 사람들이 뒤늦게 뛰어든 사람들에게 장밋빛 청사진을 계속 보여준다. 영악한 투자자들은 뒤늦게 뛰어든 사람들에게 고평가된 자산을 전부 팔아치운다.

뒤늦게 뛰어든 사람들은 돈이 계속 유입되고 있다고 착각한다. 하지만 가격은 더 이상 오르지 않는다. 가격 상승에만 관심 있는 사람들은 더 이상 돈이 흘러들어오지 않는다는 걸 모른다. 돈이 이미 다른 시장으로 가고 있다는 걸 눈치채지 못한다. 결국 비참한 최후를 맞이한다. 대다수 사람들은 높은 가격에 도취되어 도대체 무슨 일이 벌어졌는지 모른다.

나름대로 시장에서 똑똑하다고 자부하는 투자자나 상당한 수익을 낸 투자자도 정신을 못 차린다. 돈을 번 것에만 정신이 팔려 상황이 조금씩 변하고 있다는 사실을 놓친다. 이제 접시의 받침대를 밀어대는 무리는 다른 곳으로 이동한다. 더 이상 돈이 흘러들어오지 않는다. 큰돈의 유입이 줄어드니 개인들의 돈으로는 가격이 쉽게 오르지 않는다. 사람들은 돈이 계속 유입되고 있다고 생각하지만 어느 순간부터 '밑 빠진 항아리에 물 붓기'처럼 돈이 쌓이지 않는다. 어디에선가 물이 새고 있다. 샌 돈은 다른 자산시장으로 조금씩 흘러간다. 어느 순간 조금씩 새던 물이 순식간에 밀물처럼 빠져나간다.

이제 모든 사람이 깨닫는다. 더 이상 올라갈 곳이 없는 자산시장은 떨어진다는 사실을 몸소 체험한다. 자신이 가장 고점에 물렸다는 사실을 직시하고 빠져나오려고 아우성친다. 더 큰 손해를 보지 않으려고 서로 먼저 빠져나오려 한다. 이 사실을 깨달았을 때는 이미 늦었다. 폐허가 된 자산시장은 다음에 다시 물이 유입될 때까지 누구도 관심을 가지지 않는다. 패잔병들만 쓸쓸히 남아 있다.

대형 접시가 균형 상태를 유지하며 물이 흐른다면 아무 문제가 생기지 않는다. 하지만 인간은 절대로 물이 골고루 흐르도록 두지 않는다. 특정 자산 시장으로 물이 흐르도록 받침대를 밀어버린다. 물이 어느 방향으로 흘러갈지 개인이 미리 파악하고 선점하는 건 쉽지 않다. 큰손의 의지에 따라 물이 흐르는 곳이 달라지기 때문이다.

아무리 뛰어난 투자자라 해도 돈의 흐르지 않는 곳에 투자하면 백전백패다. 돈의 흐름을 전혀 이해하지 못한 결과다. 돈의 흐름을 모른 채 돈이 유입된다는 사실만 알고 시장에 들어가는 것도 위험하다. 대형 접시 위에 있는 물을 의도적으로 한쪽으로 밀어붙인 무리에게 마지막까지 이용당하는 처지가 될 수 있다.

물은 잠시도 멈추지 않고 흐른다. 지구의 중력 때문에 물은 위에서 아래로 흐른다. 흐를 수 있는 한 멈추지 않고 계속 흐른다. 물이 더 이상 흐르지 않고 고이는 장소가 나온다. 그곳에 고인 물은 결국 썩어 버린다. 더 이상 마실 수 없는 물로 변한다. 물이 흐를 수 있도록 물길을 터줘야만 썩지 않고 계속 흐른다. 돈도 마찬가지다. 끊임없이 시중에 유동성을 공급해야 한다. 우리가 인식하지 못하는 사이에 각국의 중앙은행에서 돈을 공급한다. 시중에 돈이 흘러넘쳐도 모든 사람에게 공평하게 흘러가는 건 아니다. 돈은 누군가 터주는 물길을 따라 특정한 자산으로 흘러간다. 그곳에서 돈을 버는 사람이 생긴다.

현재 상황이 비관적이고 미래가 없어 보여도 상관없다. 신기술이 나오지 않아도 상관없다. 시중에 풀린 돈은 어디로든 흐른다. 그곳이 어디인지 알기 힘들 뿐이다. 분명히 어딘가에는 돈이 쌓이고 쌓인다. 우리가 눈치채지 못한 순간에 돈이 흘러넘치기 시작한다. 흘러넘친 돈은 또다시 다른 곳으로 흘러간다.

돈의 흐름을 모르면 엉뚱한 자산을 보유하면서 하염없이 기다리고 있어야 한다. 얼마나 기다려야 할지는 아무도 모른다. 아주 오랜 시간을 기다려야 할 수도 있다. 하지만 돈의 흐름을 파악하면 그 시간을 단축할 수 있다. 훨씬 효율적으로 저평가된 자산에 투자하여 돈을 벌 수 있다.

우리가 돈의 흐름을 파악하려면 끊임없이 책을 읽고, 뉴스를 보고, 현재 벌어지는 현상을 생각해 보고, 유추해야 한다. 과거를 반면교사로 삼아 현재를 파악하려고 노력해야 한다. 조금 늦더라도 돈이 흘러가는 곳으로 가면 된다. 그럼 돈을 벌 수 있다. 단, 돈이 움직이는 것을 관찰한 사람에게만 해당한다.

제5부

부자가
되려면
움직여라

부자가 되는 길

돈이 없으면 남의 돈을 써라

"기억하라. 돈이란 본질적으로 새로운 돈을 창출할 수 있는 본성을 갖고 있다. 돈이 돈을 버는 것이다. 그리고 그렇게 벌어들인 돈이 또한 더 많은 돈을 벌어들이는 것이다."

"명심하라. 일 년에 6파운드라면, 하루로 따져 4그로트(groat, 과거 유럽에서 사용하던 은화) 정도밖에 안 되는 정말 적은 돈이다. 따지고 보면 이 정도의 돈은 어느 순간인지 모르게, 어디에 썼는지도 모르게 사라질 수 있는 돈이다. 그러나 신용이 있는 사람은 이런 적은 비용을 들여 수백만 달러의 돈을 소유하고, 그 돈을 유용할 수 있는 것이다."

벤저민 프랭클린

183

정주영 회장이 A&P애플도어의 찰스 룽바툼 회장을 찾아가 주머니에 있는 500원짜리 지폐를 보여주며 "이걸 봐라. 우리의 거북선이다. 당신네 영국의 조선 역사는 1800년대부터라고 알고 있는데, 우리는 1500년대에 이미 이런 철갑선을 만들었다."라며 협상했던 일화가 있다.

당시 정주영 회장은 울산에 조선소를 만들려고 했다. 그런데 아무것도 없었다. 기술은 말할 것도 없고 그보다 더 중요한 돈도 없었다. 조선소를 지으려면 외국에서 차관을 들여와야 했다. 당시 한국은 큰돈을 융통할 수 있는 환경이 아니었다. 일본에도 가고 미국에도 갔지만 아무도 거들떠보지 않았다. 후진국에서 조선소를 짓는다는 건 말도 안 된다며 상대해 주지 않았다.

이에 정주영 회장은 '임자 해 보기는 했어?'라는 배짱으로 영국 은행의 문을 두드렸다. 정주영 회장은 거북선이 그려진 500원짜리 지폐를 보여주며 협상에 성공했다. 당시 정주영 회장은 기술도 자본도 없었다. 오로지 아이디어와 비전뿐이었다. 돈이 있어야만 뭔가를 할 수 있다는 건 말도 안 된다. 중요한 건 '당신이 하려는 의지가 있느냐'이다. 사업을 하려면 자본이나 아이템이 있어야 한다. 좋은 아이템만 있으면 자신의 노력에 따라 얼마든지 다양한 경로로 자본을 투자받을 수 있다.

필자가 쓴 《부동산 경매시장의 마법사들》 책에 다음과 같은 일화가 나온다. 자유롭게님의 사례이다. 자유롭게님이 부동산경매 강의를 들을 때였다. 갑자기 강사가 수강생들에게 돈이 있으면 빌려달라고 말한다. 당연히 아무도 돈이 있다고 하지 않았다. 그러자 강사는 돈이 없어도 투자로 돈 버는 방법을 알려주겠다며 수강생들을 데리고 나갔다. 강사는 은행에서 현금 서비스를 받아 부동산 경매에 입찰할 보증금을 마련했다. 강사는 그 돈으로 법원에서 경매 부동산을 낙찰받았다.

강사는 일주일 후 수업 시간에 낙찰받은 부동산을 팔았다고 말했다. 소유권도 이전하기 전에 말이다. 강사는 잘 아는 부동산에 물건을 맡기면서 이렇게 말했다고 한다. "이 물건은 지금 주인이 이순신이지만, 홍길동이 낙찰받았습니다. 곧 홍길동으로 소유권이 바뀌니 매수인이 중도금과 잔금을 주면, 그 돈으로 잔금을 치르고 소유권 이전하는 그 날 즉시 매수인에게 소유권을 넘겨주겠습니다. 대신에 시세보다 싸게 낙찰받은 만큼 싸게 매도하는 겁니다."

투자를 잘하는 사람의 기행이니 나와는 전혀 상관없는 일이라고 여기며 감탄만 하고 있을 것인가. 돈이 있어야 뭐라도 할 수 있다면서 꾸준히 돈을 모아야 한다고 생각하는가. '적금 풍차돌리기'를 하며 돈을 차곡차곡 모으면 모든 것이 해결되리라 믿고 있는 건 아닌가.

돈이 없어 투자나 사업을 못 하겠다고 말하는 사람은 실제로 투자할 마음도, 사업할 마음도 없는 것이다. 차라리 아이템이 없어 사업을 못한다고 말하거나, 투자할 곳이 없어 투자를 못 한다고 말한다면 그건 수긍이 간다. 아이템도 없고 투자할 곳도 없을 때 현금을 보유하는 건 현명한 처신이다. 그러나 아이템도 있고 투자할 곳도 있는데 돈이 없어 못하겠다고 하는 건 스스로를 속이고 있다는 뜻이다. 확실한데 안 할 이유가 없기 때문이다.

부동산 경매를 하려고 한다. 철저한 현장 조사와 치밀한 권리분석으로 큰 수익이 날 만한 물건을 찾았다. 물건에 숨은 위험을 해결할 자신도 있다. 그런데 돈이 부족하다면 어떻게 할까? 먼저 주변 지인들을 찾아가 브리핑한다. 해당 물건을 보여주면서 어떤 식으로 현재 발생한 문제를 해결할지, 이 부동산으로 어떻게 수익을 낼지, 수익을 어떻게 나눌지 설득하면 된다. 지인들이 납득한다면 돈을 빌려 투자하고 수익을 낼 수 있다. 그 정도의 실력과 확신이 없을 뿐이다.

세계적으로 유명한 힐튼호텔의 창업자인 콘래드 니콜스 힐튼은 가정 형편이 어려웠다. 힐튼은 호텔 청소부로 일하며 세계에서 가장 큰 호텔의 주인이 되는 꿈을 꾸었다. 힐튼은 1919년 모블리 호텔을 인수하며 호텔 경영을 시작했다. 당시 그는 돈이 거의 없었다. 청소부가 돈을 모아 봤자 얼마나 모았겠는가?

힐튼은 돈을 빌릴 수밖에 없었다. 힐튼은 큰돈을 빌리기 위해서 '콘래드 니콜스 힐튼'이라는 자신을 담보로 내세웠다. 힐튼에게는 정직이라는 엄청나게 큰 담보가 있었다. 누구도 대신할 수 없는 힐튼 자신이야말로 최고의 신용이었다. 지금까지 힐튼이 살아온 방식과 평판 등이 돈을 빌릴 수 있었던 비결이었다.

누군가에게 돈을 빌린다는 건 바로 나 자신을 믿어달라는 이야기다. 내가 하는 사업의 비전, 가능성, 실력 등이 중요한 잣대가 된다. 하지만 그보다 더 중요한 건 지금까지 내가 살아온 인생과 믿을 수 있는 사람인지 아닌지다. 엄청난 투자 실력이 있고 사업 성공 가능성이 크다고 해도 당신은 믿을 수 없는 사람에게 돈을 빌려줄 수 있겠는가?

평생 빚을 지지 않고 살아온 인생을 가장 떳떳하게 생각하는 사람도 있다. 정작 그런 사람은 그저 그런 삶을 살아가는 걸 많이 본다. 은행에서 한 푼도 대출받지 않았으니 무난한 인생을 살았다고 평할 수 있다. 그러나 그게 성공한 인생은 되지 못한다. 은행에서 대출받는다는 건 은행을 사업 파트너로 택한 것과 마찬가지다. 은행은 당신에게 돈을 빌려주고 이자를 받아 안정적인 수익을 낸다. 당신은 사업 파트너인 은행에서 부족한 돈을 조달받아 사업을 영위하여 더 큰 이익을 낼 수 있다.

대한민국에서 엄청난 이익을 내는 대기업은 모두 은행에서 대출받아 사업을 일으키고 성공했다. 이들은 사업 초기에 아이템은 있었지만 자본이 부족했다. 은행에서 부족한 자본을 대출받아 이자를 갚으며 사업을 키우고 확장했다. 몇몇 기업은 은행에서 대출받지 않아도 될 정도로 큰 이익을 내고 있다. 이제는 오히려 은행이 돈을 빌려주지 못해 안달이다. 지금까지 사업하면서 쌓인 신용이 밑바탕에 있기 때문이다. 은행도 돈을 빌려주는 게 이득이라는 걸 잘 안다.

워런 버핏의 버크셔 헤서웨이는 엄청난 현금을 보유하고 있다. 당장이라도 투자할 수 있는 현금이 몇백조에 달한다. 이런 버핏도 사실 남의 돈으로 투자하여 성공했다. 그 비결은 바로 보험사의 돈이었다. 워런 버핏이 인수한 보험사에는 고객이 납입한 보험료가 있다. 이 돈은 보험금으로 지급하기 전까지는 보험사에서 보유할 수 있다. 보험금을 지급할 수 있는 일정 정도의 돈만 보유하고 있으면 된다. 버핏은 이 잉여자금을 투자에 활용했다.

아직도 돈이 없어 아무것도 못 한다고 자책하는가? 돈이 없는 것이 아니라 투자할 실력과 사업 아이템이 없어 못 하는 건 아니고? 당신에게 필요한 건 돈이 아니다. 당신은 돈을 끌어오고 이용하는 방법을 모르는 것이다. 신용과 실력이 확실하다면 돈을 빌려줄 사람은 많다. 오히려 먼저 당신에게 와서 제안할 것이다. 돈을 빌려주고 싶다고.

중요한 것은 바로 당신이 정직한지와 평판이다. 다만 남의 돈을 이용할 때는 감당할 수 있는 범위 내에서 해야 한다. 당신의 정직과 평판에 금이 갈 정도로 무리해서는 안 된다. 과도하게 신용을 남발하면 돌아오는 건 사기꾼이라는 오명이다. 그 결과는 인간관계의 단절과 더불어 법의 심판뿐이다.

은행은 당신의 사업 파트너이고 당신의 실력은 남의 돈을 이용할 수 있는 신용이다. 돈이 남아돌아서 사업하고 투자한 사람이 성공한 사례는 찾아보기 힘들다. 돈이 없어도 자신의 실력과 신용으로 주변 사람의 도움을 받아 성공한 사례는 많다. 찾아보면 당신 주변에도 수두룩하다.

아직도 돈이 없어 문제인가? 실력이 없어 자신이 없는 것은 아니고? 돈이 없어 못 한다는 비겁한 핑계를 대지 말자!

문제를 두려워하지 마라

꽤 높은 연봉을 받으며 단란한 가정을 꾸리던 한 여인이 있었다. 어느 날 그녀는 암에 걸렸다는 것을 알게 되었다. 이미 이혼한 상태인데다 어머니도 돌아가시고 아이도 2명이나 키워야 했다. 만만치 않은 현실이 찾아왔다. 회사에서 인정받았지만 항암치료 때문에 회사에 다니기 힘들어 퇴사했다. 여느 사람 같으면 다 포기하고 세상에 저주를 퍼붓고 한탄했을 상황이었다. 하지만 《싱글맘 부동산 경매로 홀로서기》 저자인 이선미는 문제를 해결하면 된다는 긍정적인 마음과 추진력이 있었다.

그녀는 과거에 부동산 경매로 수익을 냈던 걸 기억해 내고 다시 움직이기 시작했다. 암 투병으로 힘든 와중에도 컨디션이 좋은 날에는 현장조사를 하고 입찰했다. 그렇게 무려 10건의 낙찰을 받았다. 암이라는 커다란 문제 앞에 굴복하지 않고 더 적극적으로 움직였다. 그녀는 2년 만에 30채를 매입했다. 지금은 암 발병 전보다 훨씬 더 풍요롭고 만족스러운 삶을 두 자녀와 함께 누리고 있다.

사람들은 문제를 회피하려고 한다. 문제가 생기면 겁부터 먹고 도망가려고 한다. 될 수 있는 한 문제와 부딪치지 않으려고 한다. 우리가 살아가면서 언제 언제서나 문제가 생길 수 있다. 최대한 피하려고 해도 문제는 우리 앞에 나타난다. 그럴 때마다 문제를 회피하려고 한다면 아무런 발전이 없다. 신은 인간이 감당할 수 있을 정도의 시련을 준다고 한다. 당신이 감당할 수 없는 문제는 결코 당신에게 오지 않는다.

당신에게 문제가 생겼다는 건 당신이 움직이지 않았다는 증거다. 무언가 어긋나고 있다는 걸 알려주는 신호다. 고인 물이 썩은 물로 변하듯이 잘못된 생활 습관이나 식습관은 병이라는 문제로 당신을 찾아온다. 문제는 이유 없이 찾아오지 않는다. 당신을 더 성장시키기 위해 찾아온다.

종일 의자에 앉아 공부한다고 서울대에 갈 수 있는 건 아니다. 서울대에 가려면 문제를 풀어야 한다. 문제를 풀어봐야 자신의 현재 위치를 정확하게 파악할 수 있다. 문제가 안 풀리거나 답이 틀렸을 때 부족한 점을 깨닫고 실력이 늘어난다. 자신 있게 풀 수 있는 문제만 수없이 푼다고 고득점이 나오는 건 아니다. 자신 있게 풀 수 있는 문제는 더 이상 문제가 아니기 때문이다.

현재 눈앞에 문제가 생겼다면 당신이 움직이고 있다는 증거다. 그 문제를 해결하면 당신은 훌쩍 커 있는 자신을 발견한다. 문제를 푼 보답으로 돈까지 덤으로 생긴다. 이것이 바로 자본주의다. 아무것도 하지 않으면 문제도 생기지 않고 얻는 것도 없다. 아무것도 하지 않는 건 곧 문제를 회피한 것이다. 문제를 제대로 푼 사람은 비슷한 유형의 문제가 다시 출제되있을 때 슬기롭게 헤쳐 나갈 수 있다.

역경이라는 문제를 푼 사람만이 성공할 수 있다. 모든 사람은 저마다 자신만의 문제를 갖고 있다. 당신에게 닥친 문제 하나를 풀면 한 계단 위로 올라간 것이나 마찬가지다. 하나의 문제를 풀 때마다 하나씩 성공의 계단을 올라갈 수 있다. 어려운 문제를 풀면 성공으로 가는 몇 개의 계단을 한 번에 올라가는 것과 마찬가지다. 문제가 어려울수록 오히려 즐거운 일이라 여기며 받아들이면 좋다.

"남자에게 참 좋은데 표현할 방법이 없네"라는 광고가 한때 회자된 적이 있다. 유명하지 않은 중년의 남자가 TV 광고에 나와 세련되지도 않은 말투로 중얼거리는 광고였다. 촌스럽지만 강렬한 이미지를 사람들에게 심어주었다. 이 광고로 천호식품(현 천호엔케어)의 산수유라는 제품을 사람들에게 각인시켰고 폭발적인 매출로 이어졌다. 천호식품뿐만 아니라 김영식 회장도 일약 스타로 만든 광고다.

독특한 광고를 내세워 승승장구하는 김영식 회장이지만 사업이 부도 나기 직전까지 간 적도 있었다. 한때는 부산에서 현금보유 기준으로 100등 안에 들 정도였지만 전문 분야가 아닌 사업을 시작했던 것이 화근이었다. 갚아야 할 빚만 20억이 넘을 정도로 추락했었다. 완전히 박살 난 것이다. 모든 것을 잃고 빚 독촉에 시달려야 했다.

사람들 대부분은 문제를 회피하려 했을 것이다. 사람들과 연락을 끊고 도망치고 싶을 것이다. 김영식 회장도 회사 9층 사무실에서 뛰어내려 자살을 생각했을 정도였다. 하지만 김영식 회장은 문제를 피하지 않고 정면으로 맞서기로 했다. 지금까지 사업하면서 사용하던 전화번호도 바꾸지 않았다. 정면으로 맞서서 문제를 해결하기로 마음먹었다. 자살을 생각했던 그 마음으로 목숨 걸고 열정적으로 다시 시작했다. 그리하여 1년 11개월 만에 20억 빚을 모두 갚고 압류당했던 집도 되찾았다. 문제를 두려워하지 않고 정면으로 맞섰기에 지금의 천호식품이 되었다.

"남자에게 참 좋은데 표현할 방법이 없네."라는 광고 카피도 마찬가지다. 제약이 많은 TV 광고를 정면으로 맞서서 풀어낸 묘수였다. 남자에게 좋지만 직접적으로 이야기할 수 없다고 솔직하게 이야기한 것이 오히려 큰 반향을 불러일으켰다. 자신을 가로막던 문제를 풀자 더 큰 성공이 찾아온 것이다.

삶의 태도도 마찬가지다. 어떤 삶의 태도를 지니고 있냐에 따라 문제를 두려워하지 않고 정면으로 맞설 수도 있고 회피할 수도 있다. 어떤 선택을 할지는 전적으로 당신의 몫이다. 결과에 대한 책임도 온전히 내가 진다. 우리가 내린 선택은 결과를 만들어 낸다.

공부하지 않은 학생은 문제를 풀기 싫어한다. 문제를 풀어도 정답을 못 맞힌다는 걸 알기 때문이다. 하지만 성적을 올리려면 문제를 풀어야 한다. 그래야 내가 무엇을 모르는지 정확하게 판단할 수 있다. 초등학생에게는 초등학생 수준에 맞는 문제가 나온다. 초등학생이 노력하면 충분히 풀 수 있는 수준이다. 초등학생에게 수능시험에 나오는 문제를 풀라고 하지 않는다.

우리에게 닥치는 문제도 마찬가지다. 우리가 풀 수 있는 문제가 대부분이다. 문제를 보자마자 즉시 풀 수는 없더라도, 문제를 두려워하지 않고 정면으로 맞서 차분하게 풀면 얼마든지 풀 수 있다. 왜 문제를 풀어 보지도 않고 도망가려 하는가? 문제를 풀어봐야만 내 실력을 알 수 있지 않을까?

문제를 풀어보려는 시도도 하지 않고 풀 수 없다고 해서는 안 된다. 성공한 사람은 자신에게 찾아온 문제를 절대로 피하지 않는다. 감당할 수 없는 문제는 절대로 찾아오지 않는다. 감당할 수 없다고 지레짐작하고 회피하면 절대로 문제를 풀 수 없다. 문제가 문제가 아니라 당신이 문제를 바라보는 태도가 문제다. 맞서지 않으면 평생 그 문제는 풀리지 않는 숙제로 남아 평생 당신을 쫓아다닐 것이다.

당신이 암 투병 생활을 하며 두 아이를 양육해야 할 정도로 어려운가? 손꼽힐 정도로 자산가였다가 빚만 20억에 달할 정도로 망해서 절망만 있는가? 그렇지 않다면 도대체 무엇이 문제라고 피하는가? 큰 문제가 찾아올수록 '도대체 얼마나 큰 인물이 되려고 이런 기회가 나에게 오는가?'라는 마음으로 임하는 건 어떤가?

닮고 싶은 사람을 만나라

철학자이자 심리학자인 윌리엄 제임스는 현대 심리학자들에게 많은 영향을 미쳤다. 그는 '심리학의 아버지'라는 칭호를 받았다. 윌리엄 제임스는 "감정이 행동을 만드는 것이 아니라 행동이 감정을 만들어 낸다."라고 했다. 이것을 '가정원칙(假定原則)'이라고 한다.

화가 났을 때 감정을 분출한다고 화가 풀리는 것이 아니라 전혀 상관없는 행동을 할 때 오히려 화가 가라앉는다고 한다. 기분이 우울하다고 밑바닥까지 감정이 내려가게 하면 안 된다. 일부러라도 웃으려고 노력하며 웃는 표정을 짓고 즐겁게 춤추는 흉내라도 내는 것이 우울을 떨쳐버리는 데 도움이 된다. 지금 기분이 좋다고 생각하고 그런 행동을 하는 것만으로도 우울에서 벗어날 수 있다는 말이다.

윌리엄 제임스는 '가정원칙'을 통해 행동이 정신을 이끌 수 있다는 것을 보여줬다. 소극적인 행동을 하면 외향적인 사람도 내향적인 사람이 되고, 적극적인 행동을 하면 내향적인 사람도 얼마든지 외향적인 사람이 될 수 있다는 것도 알려줬다.

《부자들은 왜 장지갑을 쓸까》,《퍼스트클래스 승객은 펜을 빌리지 않는다》,《부자에게 점심을 사라》,《가난해도 부자의 줄에 서라》 등의 책은 부자를 따라 하라고 주장한다. 행동을 통해 정신을 개조하라는 의미다. 백날 부자가 되고 싶다고 외치는 것보다 부자가 하는 행동을 흉내라도 내는 게 백번 낫다는 이야기다.

인터넷에는 주식과 부동산을 다루는 투자 카페가 많다. 카페의 주인장 중에 투자나 사업에 성공한 사람이 있다. 이들에게는 팬이 존재한다. 팬들은 카페 주인장의 방법을 그대로 흉내 내려고 한다. 그가 했던 사업 방식과 투자 방법에 관한 글을 출력하여 읽고 똑같이 따라 한다.

카페 주인장이 성공했던 시대 상황이나 경제 상황이 지금과 조금 다를지라도, 성공한 사람의 방법을 따라 하는 것은 놀라운 결과를 보여준다. 아무것도 모르는 채로 맨땅에 헤딩하는 것이 아니라 이미 성공한 방법을 따라 하며 자신에게 맞는 방법으로 응용하여 적용할 수 있기 때문이다. 대부분의 사람에게 좋은 방법이다.

벤저민 그레이엄의 투자 공식 중 하나인 '주가가 주당 순유동자산(순운전자산)의 2/3 이하일 때 매입하라'를 투자에 적용하려는 사람이 있었다. 그는 모든 상장기업의 주가와 자산을 조사했다. 엄청난 조사와 노력에 감탄을 금치 못할 정도였다. 그렇게 찾은 기업을 엑셀에 입력하고 여러 조건으로 기업을 필터링하였다. 그렇게 걸러진 기업을 철저하게 조사하고 투자하여 성공할 수 있었다.

당신이 닮고 싶은 사람이 최소한 한 명은 있을 것이다. 투자로 성공한 사람이든 사업으로 성공한 사람이든 그를 알게 된 계기가 있을 것이다. 그 정도로 성공한 사람은 그가 어떻게 성공했는지 대중들에게 대부분 알려진다. 감추려 해도 감출 수 없다. 매슬로 '인간의 욕구 5단계'에서 본 것처럼 사람들에게 자신의 성공을 알리고 싶은 것이 인지상정이기 때문이다.

당장 서점에 가서 성공한 사람이 쓴 책 중 아무거나 한 권을 집어 들어 살펴보라. 그 책이 마음에 든다면 구입하여 읽어라. 책에는 저자에게 연락할 방법이 적혀 있는 경우가 많다. 메일이든 블로그 주소든 카페든 연락할 방법이 있다. 혹시 아무 연락처도 없다면 출판사에 연락하는 방법도 있다. 궁하면 통한다고 하지 않는가?

그런 후에 저자에게 나를 어필하라. 왜 내가 당신을 만나고 싶어 하는지, 당신의 책을 읽고 어떻게 도움을 받았는지 적어라. 당신의 책을 읽고 내가 어떻게 변했는지에 관한 이야기도 좋다. 솔직하게 써서 전달한다면 그는 분명히 당신을 만나려고 할 것이다. 그렇게 만나서 저자의 이야기를 들어라. 훨씬 효율적으로 분명한 목표를 갖고 행동하게 될 것이다.

적극적으로 어필하지 않고 만나는 방법도 있다. 정기모임이나 저자 강연회 등을 통해 만날 수 있다. 기회는 무척이나 많다. 만나려는 의지만 있다면 얼마든지 만날 수 있다. 자신을 그토록 만나고 싶어 하는 사람이 있는데 만나지 않을 이유가 없지 않겠는가?

오래전에 내가 꼭 참여하고 싶은 강연이 있었다. 모 카페에서 주최하는 것이었는데 이미 모든 마감되어 더 이상의 참가자를 받지 않았다. 장소도 서울이 아니었다. 전철이나 버스로 곧장 갈 수 없을 정도로 교통편이 좋지 않았다. 하지만 꼭 참가하여 강연을 듣고 싶었다. 나는 강연 시작 몇 시간 전에 도착하여 강연을 준비하는 사람에게 말했다. "오늘 꼭 강연을 듣고 싶습니다. 대신에 강연 준비와 마무리를 돕겠습니다."

그러자 기꺼이 그러라는 답변을 들을 수 있었다. 좋은 자리에 앉아 강연을 듣지는 못했지만 듣고 싶은 강연을 들을 수 있었다. 강연이 끝난 후 함께 마무리와 정리를 도왔다. 그리고 함께 식사하자는 제안도 받았다. 덕분에 생각지도 못하게 아침부터 늦은 밤까지 함께할 수 있었다. 강사와 함께 식사하며 많은 이야기도 들을 수 있었다.

닮고 싶은 사람을 만나면 자연스럽게 동기부여가 된다. 나도 해야겠다는 결심이 선다. 의기소침해질 때마다 기운을 차릴 수 있다. 내가 가고 싶은 길을 먼저 간 사람이기에 내가 현재 고민하는 것, 좌절하는 것이 무엇인지 뻔히 알고 있다. 몇 마디 건네는 말만으로도 힘이 되고 깨달음을 주기도 한다. 힘들 때 다시 일어설 수 있는 용기를 얻기도 한다.

당신도 분명히 닮고 싶은 사람이 있을 것이다. 그를 만나라. 너무 높은 위치에 있어 도저히 만나지 못할 사람도 존재한다. 그렇다면 메일을 써라. 아주 짧은 답신이라도 올 것이다. 성공한 사람이 괜히 성공한 게 아니다. 당신의 메일에 진정성을 담아라. 닮고 싶은 사람의 관심을 이끌어내면 메일 정도는 얼마든지 주고받을 수 있다.

내 주변의 성공한 사람을 보면 자신을 만나고 싶다는 사람과의 만남을 거절하는 법이 없다. 자신도 그런 방법으로 지금의 위치까지 올 수 있었다는 것을 알기 때문이다. 시간이 허락하는 한 기꺼이 만나주려고 한다. 다만 진정성을 갖고 만나야 한다. 무엇인가를 얻기 위해 만나려고 한다면 그 사람은 부담스러워 만남을 피할 것이다.

혹시 닮고 싶은 사람이 세상에 존재하지 않는 사람인가? 그렇다면 그와 관련된 모든 책, 기사, 동영상을 전부 찾아봐라. 직접 만나는 것만 큼 짜릿한 감정이입은 아닐지라도 단둘이 만나 차분하게 마음속으로 대화하는 시간이 될 것이다. 닮고 싶은 사람의 생각과 행동을 따라 하려고 노력하면 된다. 그 정도 노력도 하지 않으면서 닮고 싶은 사람처럼 되려고 하는가?

단순히 닮고 싶은 사람을 좋아하는 걸로 끝낼 것인가? 한 명의 팬으로 응원하는 것으로 그치려고 하는가? 닮고 싶다면 닮으려고 노력해야 하지 않겠는가? 윌리엄 제임스는 "닮고 싶은 사람처럼 행동하면 닮고 싶은 사람처럼 된다."라고 말했다. 당신도 닮고 싶은 사람처럼 되고 싶은가? 방법은 아주 간단하다. 닮고 싶은 사람을 만나 그처럼 행동하라!

자격과 능력을 갖춰라

"지금 사는 게 만족스럽니?"

"아직 학생인 애가 둘이고, 남편이 있고, 집 대출금도 갚아야 하고, 돈을 내야 하는 고지서가 너무 많아요. 거기에 제가 꿈꾸어온 미래는 없어요."

"그렇게 말할 줄 알았다. 사실은 누구에게나 자신이 받아들이고 싶은 것이나 깨닫고 있는 것보다 훨씬 더 큰 가능성이 있어. 나를 봐라. 나도 늘 꿈꾸던 일이 있단다. 파리에 살면서 에코노르말쉬페리에르(프랑스 최고 대학)에서 수학을 가르치고, 프랑스어를 마스터하고, 루아르에 성이 있는 집안 출신의 잘생긴 프랑스 청년이랑 사는 것이었어. 그래, 나도 알아. 아주 판에 박힌 꿈이라 할수 있지. 동성애자 수학자가 바라는 삶을 담은 그림엽서일 거야. 이제 나는 일흔 살이 되었어. 앤드류랑 여름마다 파리에 일주일 동안 여행을 가는 걸 빼고는 안식년 때도, 석 달 방학 동안에도 파리에서 지낸 적은 없어. 앤드류한테는 프랑스 애인 판타지를 여태 한 번도 말한 적 없어. 어쨌든 내가 왜 파리에서 몇

달이라도 살기 위해 떠난 적이 없는지 알아? 내 속의 난 아직도 파리에 갈 자격이 안 된다고 생각하고 있는 것 같아. 끔찍하지 않아? 앤드류를 처음 만났을 때도 나는 내가 그를 만날 자격이 없다고 생각했어. 고맙게도 앤드류는 그렇게 생각하지 않았지. 어쨌든 앤드류도 내년 여름에는 일에서 잠시 손을 놓을 수 있으니까 그때 반년 동안 파리에서 살아 보자더라. 앤드류는 파리에서 아파트를 알아보는 중이야. 나도 결국 앤드류의 말에 동의했어."

"잘됐네요."

"그래, 물론 잘된 일이지. 내가 행복을 누릴 자격이 있다는 결론에 이르기까지 어른이 된 뒤로 50년이나 더 걸린 것만 빼면 그래. 너에게 이런 질문을 하지 않을 수 없구나. 너는 언제 네 행복을 찾아서 누릴 자격이 있다고 생각할 거니?"

소설 《파이브 데이즈》 중

부자가 되는 데도 자격이 필요하다. 자동차 운전을 하고 싶은 사람은 반드시 운전면허증을 따야 한다. 의사, 변호사가 되려면 자격증을 따야 하고, 교사가 되려면 임용고시를 통해 자격을 갖춰야 하고, 공무원이 되려면 공무원 시험에 합격해야 한다. 자격을 갖추지 못하면 하고 싶어도 할 수 없고, 되고 싶어도 될 수 없다. 테스트를 통과한 사람만이 가능하다.

부자가 되는 자격증은 존재하지 않는다. 얼마의 자산이 있어야 부자인지에 대한 정확한 답도 없다. 사람마다 부자에 대한 관점이 달라 답을 내긴 아주 힘들다. 내가 볼 때 부자라고 인정할 수 없는 사람이 부자인 경우도 있다. 어쨌든 나를 제외한 모든 사람이 부자라고 인정하면 부자다.

로또에 당첨된 사람이 부를 오래도록 유지하지 못하는 이유는 자격과 능력이 안 되기 때문이다. 로또 당첨 전에는 몇천만 원 수준의 자산을 보유했었다. 그 정도의 자격과 능력이 있던 사람에게 갑자기 큰돈이 들어왔다. 큰돈을 감당할 자격과 능력이 부족하니 딱 자신의 자격과 능력만큼만 돈이 머문다.

10만 원부터 차곡차곡 돈을 모으고 저축하여 목돈을 만든 사람은 이 돈을 모으고 굴리고 불리는 과정에서 얻은 경험만큼 성장한다. 자산이 커질수록 돈을 굴리는 방법과 투자처를 보는 눈이 달라진다. 불어난 자산만큼 운용할 수 있는 금액과 능력도 함께 커진다.

이제 갓 입사한 사원에게 사장 역할을 맡기면 잘할 수 있을까? 회사에는 사원, 대리, 과장, 차장, 부장, 이사, 사장으로 연결되는 승진 시스템이 있다. 아무리 능력이 뛰어나도 각 직급에 맞는 경험을 거치지 않고 다음 단계의 직급을 잘하기는 힘들다. 주변 사람들이 인정하지 않을뿐더러 자신도 감당할 능력이 안 되기 때문이다.

사원으로 일정 기간이 지나야 대리가 될 수 있다. 대리로 일정 기간 경험이 쌓아야 과장이 될 수 있다. 직급을 어느 정도 경험하면 자연스럽게 승진 이야기가 나오면서 능력을 갖췄다고 인정받는다. 이처럼 능력이 되어야만 승진의 기회를 가질 수 있고 자격에 합당한 지위를 얻을 수 있다.

스스로 자격과 능력이 없다고 생각하는 한 부자가 될 수 없다. 아무리 많은 돈이 내게 와도 마음 깊은 곳에서 감당할 수 없다고 생각하면 부자가 되지 못한다. 부자들은 의외로 뻔뻔하다. 자신이 그만한 능력과 자격이 된다고 믿기에 부를 이룰 수 있었다. 더 많은 부를 원한다면 그에 걸맞은 자격과 능력을 갖추는 것이 먼저다.

내가 나를 믿지 못하는데 주변 사람들이 나를 믿을 리 없다. 부자는 자기 자신을 믿기에 주변 사람들이 그를 부자라고 인정한다. 단순히 그가 가진 부의 규모 때문에 부자라고 인정하는 건 아니다. 부자가 될 수 있다는 믿음과 자신감이 그를 부자로 만든 원동력이다. 이런 믿음과 자신감은 어떤 어려움이 찾아와도 이겨낼 힘을 준다. 부를 쟁취하고 유지할 자격과 능력이 없는 사람에게 부는 절대로 찾아오지 않는다.

주식 투자를 하려면 최소한 재무제표 읽는 법과 경제 현상의 변화를 볼 줄 알아야 한다. 그렇지 않다면 자격도 갖추지 못하고 능력도 없는 것이다. 기본적인 부동산 권리분석도 할 줄 모르는 사람이 부동산 경매로 돈을 벌 수 있을까? 돈을 그처럼 쉽게 벌 수 있다고 생각하는 것 자체가 본인의 자격과 능력 부족을 증명하는 것이다.

당신이라면 자격도 안 되고 능력도 부족한 사람에게 중대한 프로젝트를 맡길 수 있는가? 무엇을 보고 그에게 맡길 것인가? 누군가 당신을 찾아와서 돈을 투자하라고 한다. 그럴 만한 사람이라고 인정할 수 없는데도 그에게 투자할 수 있는가? 경험이 없는 당신 눈에도 그에게 그만한 자격과 능력이 있는지 없는지 느껴질 것이다.

당신은 언제쯤 부자가 될 자격과 능력이 있다고 여길 것인가? 평생 나는 부자가 될 자격도 능력도 없다고 체념하고 포기할 것인가? 처음부터 부자가 된 사람은 없다. 금수저를 물고 태어나지 않은 모든 부자는 노력의 결과로 탄생했다. 부자가 될 자격과 능력을 갖췄기에 부자가 되었고, 부자가 될 자격과 능력을 믿었기에 부자가 되었다.

당신은 지금의 삶이 만족스러운가? 스스로 부자가 될 것이라고 믿는가? 부자가 될 수 있는 자격과 능력이 있다고 믿는가? 부자 될 자격과 능력을 갖추려고 노력하는가? 믿지도 못하고 노력도 하지 않는데 부자가 될 수 있을까? 당신 자신에게 물어봐라!

가난하지만 행복하다?

미국 갤럽은 최근 전 세계 138개 나라별로 15세 이상 성인남녀 1000명을 대상으로 조사를 벌인 결과 파라과이 국민이 가장 행복한 삶을 살고 있는 것으로 나타났다고 발표했다. 갤럽은 조사 대상자에게 ▲어제 당신이 존중받았는지 ▲어제 충분한 휴식을 취했는지 등의 질문을 한 뒤 '그렇다'고 답한 비율에 따라 순위를 매겼다. 파라과이 국민은 100점 만점에 87점을 받아 3년 연속 1위를 차지했다. 다음은 파나마(86점), 과테말라(83점), 니카라과(83점), 에콰도르(83점), 코스타리카(82점), 콜롬비아(82점), 덴마크(82점), 온두라스(81점), 베네수엘라(81점), 엘살바도르(81점) 순이었다. 반면, 한국은 63점을 받는데 그쳐 하위권인 90위에 머물렀다. 이란, 룩셈부르크, 체코, 카자흐스탄이 한국과 같은 점수를 받았다. 이번 조사결과는 국민 소득이나 수명, 대학 진학률 등의 경제 지표가 국민이 느끼는 행복감과는 차이가 있음을 다시 한번 보여준다. 가장 행복감을 느끼는 파나마 국민의 1인당 국민소득은 전 세계 90위에 그친다. 조사 책임자인 존 클리프턴은 "중남미 국가들은 문화적으로 긍정적인 감정을 많이 배출한다"며 "행복 지수는 금전적인 여유뿐 아니라 학교, 직장 등 소속된 기관도 중요한 역할을 한다"고 말했다.

조선비즈 2014.06.04

해마다 행복지수를 발표한다. 조사할 때마다 어김없이 상위권을 휩쓰는 나라의 공통점은 국가 경제 순위 하위권에 속하는 나라라는 것이다. 빈부의 격차가 적다는 공통점도 있다. 그렇다고 행복지수 90위인 한국을 떠나 행복지수가 높은 중남미에 가서 살고 싶은가? 거기에 가면 정말로 행복하게 잘 살 수 있을까?

한국어로 의사소통이 가능하고 한국식 문화생활과 거주공간에 익숙한 한국인이 행복지수가 높은 중남미나 동남아시아에 가면 그들처럼 행복할 수 있을까? 만약 그렇다면 당장이라도 이민 가서 행복하게 살면 된다. 하지만 우리는 그렇지 않다는 걸 알고 있다.

그 지역으로 여행 간 사람들은 좋은 것만 보고, 좋은 곳에 머물고, 좋은 사람을 만나서 즐기고 온다. 그러나 조금만 눈을 돌려 현지 사람들이 생활하는 장소에 가 보면 생각이 달라진다. 그들이 생활하는 걸 자세히 보면 그 나라에 살고 싶다는 생각은 하지 않게 된다.

사람들은 흔히 부자는 돈이 많지만 행복하지 않을 것이라고 생각한다. 자신은 돈은 부족하지만 오손도손 정을 나누며 행복하게 살아간다는 믿음 아닌 믿음을 갖고 있다. 그렇게라도 자신을 위로하며 산다. 부자는 돈을 많으니 반대급부로 불행해야 공평하고, 나는 돈이 없으니 행복해야 한나는 자기 최면인지도 모른다. 돈이 많은 부자는 파렴치한 놈이고 도덕적으로 문제가 있어야 한다. 부자의 자녀는 돈만 알고 사람들을 업신여기며 부모와도 사이가 좋지 않아야 한다. 그래야만 세상이 공평하게 느껴진다.

불행히도 현실은 이와 정반대다. 부자인데 행복하고, 봉사도 하고, 가정적이고, 자녀들도 공부를 잘한다. 도대체 이놈의 세상은 왜 이 모양이냐는 한탄의 소리가 절로 나온다. 극히 일부를 제외하면 부자는 예의 바르고, 가정교육도 잘 받고, 남을 배려할 줄 알며, 공중도덕도 잘 지킨다. 남에게 피해를 주지 않으려고 최대한 노력한다. 또한 자신의 분야에서 최선을 다해 자기 몫을 해낸다.

반면에 가난한 사람은 돈이 없어 허덕인다. 조금이라도 더 얻으려고 아등바등한다. 자신감이 없어서 남의 눈치를 보는 일도 많다. 세상에 대한 저주와 증오를 키우는 경우도 많다.

럭셔리 인스티튜트에 따르면 부자들이 관심 갖고 돈을 쓰는 건 경험이었다. 부자들의 33%가 여행에, 20%가 외식에 더 많은 돈을 소비할 계획이라고 답했다. 여행이나 외식은 모두 눈에 보이지 않는 기억으로만 남는다는 공통점이 있다. 럭셔리 인스티튜트의 최고경영자 밀튼 페드라자는 "가장 부유한 고객들조차 명품이 크게 중요하다고 생각하지 않는다"며 "시계에 대한 관심이 줄어든 반면 오래 지속하는 기억을 구축하는 데에는 더 많은 관심을 보이고 있다"고 설명했다.

《지금 시작하는 부자공부》 중

사람들은 부자들이 명품으로 사치하면서 즐거움과 향락에 취해 돈을 흥청망청 쓴다고 생각한다. 현실은 그렇지 않다. 부자들은 가족이 함께 경험을 공유할 수 있는 곳에 돈을 쓴다. 해외여행을 가고 온 가족이 함께 즐거운 외식을 하는 집과 여행은 생각지도 못하고 집에서 끼니나 걱정하는 집이 있다. 둘 중 누가 더 행복한 삶을 살 것이라고 보는가?

돈이 많은 부자는 분명히 무언가 부족한 점이 있을 것이라 믿는가. 부자가 불행해야 '역시, 세상은 공평하구나!'라며 마음이 편해질까. 사실 이런 것은 대부분 방송에서 만들어 낸 이미지다. 방송은 극단적인 방법으로 시청자의 호기심과 관심을 끌어야 하기 때문이다.

드라마나 영화에서 가장 재미있는 플롯(plot)은 선악의 대립을 확실하게 보여주는 것이다. 내 편이 아니면 적이라는 공식이다. 사람들은 내 편이 아닌 부자는 무조건 나와는 다른 삶을 살아야 한다고 생각한다. 나는 행복하고 부자는 불행해야 즐거움과 편안함을 느낀다. 방송을 시청하는 대다수는 부자가 아니기 때문이다. 이런 이유로 제작진은 부자를 마음껏 악으로 그리며 극적으로 구성할 수 있는 것이다.

잘못된 부자 이미지에 속지 말아야 한다. 가난한 사람이 행복하다는 건 진실이 아니다. 모두 못 먹고 못 입고 못 살던 과거에는 이웃끼리 떡 한 조각을 나눠 먹으며 정을 나눴을지 몰라도 먹고사는 문제가 없어진 현대에는 그렇지 않다. 가난은 불행의 시작이다. 자신이 하고 싶은 걸 할 수 없는 이유는 가난하기 때문이다.

집안 불화와 싸움의 중요한 요인 중 하나는 바로 돈이다. 서울시가 2014년 6월에 발표한 통계에 따르면 이혼 사유 중 첫 번째는 성격 차이고, 두 번째는 경제문제였다. 2003년 서울시는 부자들이 많이 사는 서울 서초구, 깅남구, 송파구, 강동구의 이혼율이 서울에서 가장 낮다는 발표를 하기도 했다. 상식적으로 부부가 함께 사는 가족과 이혼한 가족 중에 어느 쪽이 더 행복할까. 부부가 함께 사는 가족이 확률적으로 더 행복하지 않을까.

물론 돈은 많지만 불행하게 사는 부자도 있다. 그렇지만 일부만으로 침소봉대할 수는 없다. 가난한 사람은 모두 행복할까? 가난하면서 불행한 사람은 과연 없을까? 부자이면서 행복한 사람, 부자이면서 불행한 사람, 가난하면서 행복한 사람, 가난하면서 불행한 사람. 이들 중 누가 더 행복할까? 가난하면서 행복한 사람이 많을까? 부자이면서 행복한 사람이 많을까? 부자이면서 행복한 사람이 훨씬 많다. 부자는 상대적으로 적기 때문에 눈에 잘 띄지 않을 뿐이다.

돈으로 모든 것을 사는 배금주의라는 시선으로 부자를 볼 수도 있다. 이는 잘못된 생각이다. 부자는 돈으로 경험을 쌓으려고 하지 행복을 사려고 하지 않는다. 돈으로 행복을 살 수는 없지만 돈은 행복이라는 경험을 공유하게 도와준다. 당신은 가난하지만 행복하다고 말하고 싶은가? 부자라서 행복하다고 말하고 싶은가? 부자라서 행복한 것이 훨씬 좋다. 가난한데도 행복하다고 하는 건 자기기만이다.

빌 게이츠의 말을 기억하자.

"가난하게 태어난 건 당신의 잘못이 아니지만 죽을 때도 가난한 건 당신의 잘못이다."

대리인 문제

1976년 젠센과 맥클링은 '대리인 문제(Agency Problem)'라는 이론을 제시했다. 자신의 이해관계와 직결된 의사결정을 타인에게 위임할 때 대리인 문제가 생긴다는 것이다. 쉽게 말하면 대리인이 주인의 기대를 저버릴 가능성이 있다는 뜻이다.

중세 시대 성주는 모든 것의 주인이었다. 농부들은 농작물을 재배하고 병사들은 성을 지키고 치안을 맡았다. 성주 혼자서 성안에서 일어나는 모든 일을 완벽하게 파악하고 관리할 수 없다. 대리인의 보고를 믿을 수밖에 없다. 이때 주인과 대리인 사이에 정보의 불균형이 생긴다. 따라서 대리인이 이익을 취할 수 있는 여지가 생긴다.

현대에도 마찬가지다. 사회적으로 큰일이 생기면 특별방송을 하여 국민들에게 도움을 호소한다. 국민들이 방송국에 직접 출연하여 성금을 내기도 하고 전화로 성금을 보내기도 한다. 방송국은 국민을 대신하여 돈을 모아 전달한다. 하지만 돈이 제대로 전달되는지 알 수 없어서 늘 논란이었다.

1986년 북한이 거대한 댐을 짓는다는 첩보가 들어왔다. 북한이 댐의 물을 일시에 방류하면 63빌딩이 물에 잠길 정도라고 했다. 서울이 물에 잠기는 걸 막으려면 우리도 댐을 지어야 한다고 방송했다. 일명 '평화의 댐'이라고 하여 초등학생들도 용돈을 털어 성금을 냈다. 전두환 정권 시절에 온 국민이 십시일반으로 돈을 모았지만 댐은 1단계 수준으로 건설되었다. 모금한 돈을 누가 어떻게 썼는지는 아무도 모른다.

대한민국은 아파트 공화국이라고 불린다. 도시뿐만 아니라 시골에도 한 동짜리 아파트가 존재할 정도다. 아파트는 단지로 구성되어 있어 단지를 가꾸고 관리하는 비용이 들어간다. 입주민이 직접 구역을 정하여 청소하고 관리할 수 없기 때문에 관리단을 통해 관리한다. 관리단은 주민을 대신하여 매월 관리비를 걷는다. 이때 주인과 대리인 문제가 생긴다. 입주자는 비용을 지불하고 더 이상 신경 쓰지 않는다. 대리인은 이런 점을 악용하여 각종 비리를 저지른다. 법원에서는 아파트 관리비 문제로 수천만 원에서 수억 원의 소송이 종종 진행된다. 관리단이 제대로 관리비를 사용하는지 모르니 크고 작은 비리가 생기기 때문이다.

관리비에는 수선유지비, 일반관리비, 공동전기료, 장기수선충당금, 대표회의운영비 등 많은 항목이 포함되어 있다. 입주민은 별생각 없이 관리비를 내고 있다. 그런데 송도에 있는 신규 분양 아파트 입주민 2명이 이를 문제 삼았다. 이들은 직접 모든 관리비를 전수 조사하고, 꼼꼼하게 비용을 절약하여 60%나 되는 관리비를 절감했다.

자영업을 할 때 사람들은 오토(auto)라는 용어를 좋아한다. 몇 개의 매장을 오토로 돌린다고 표현한다. 여러 매장을 운영할 때 주인이 온종일 머무르며 관리할 수 없다. 매장마다 직원들이 효율적으로 매장을 잘 운영하면 최고다. 주인이 없어도 수익을 내준다면 그것만큼 환상적인 자영업은 없다. 각 매장이 오토로 훌륭하게 돌아가려면 주인이 없어도 되는 업종이어야 한다. 확실하게 믿고 맡길 수 있는 대리인도 있어야 한다. 이런 매장은 주인이 하루나 이틀에 한 번씩 매장을 돌면서 매입과 매출을 검토하고 관리한다. 모두 이런 매장을 운영하고 싶어 한다.

하지만 현실에서는 주인과 대리인 문제가 생길 수밖에 없다. 보통은 확실하게 믿고 맡길 수 있는 대리인으로 친인척을 뽑는 일이 많다. 그렇다고 대리인 문제가 완전히 해결되는 건 아니다. 최근에는 셀프매장이 많이 생겼다. 이런 매장은 대리인 문제에서 자유롭긴 하다.

자신이 어느 정도 지식과 경험을 쌓은 분야는 혼자서 많은 걸 관리하고 통제할 수 있다. 이때는 대리인을 써서 자신에게 부족한 시간을 보충할 수 있다. 하지만 자신이 전혀 알지 못하는 분야에 대리인을 세우면 문제가 생긴다. 대리인이 무엇을 하는지 잘 모르기 때문이다.

사회가 복잡해지면서 한 개인이 모든 것을 전부 알 수는 없다. 자신이 부족한 부분에는 대리인을 앞세운다. 변호사, 의사, 검사, 펀드매니저 등이 그렇다. 이들은 내가 할 수 없는 부분을 대신하여 처리해 준다. 이들이 나를 대신하여 일을 처리하고 청구하는 비용이 적절한지 우리는 잘 모른다. 적정한지 과다한지 모르니 청구한 대로 지불할 수밖에 없다.

복잡다단한 사회에서 개인이 쌓을 수 있는 지식의 범위는 한정되어 있다. 어쩔 수 없이 대리인을 세울 수밖에 없다. 대리인에게 맡기고 안심해서는 안 된다. 대리인이 정보의 불일치를 이용하여 주인을 속이지 않고 정직하게 처리하더라도 마찬가지다.

주식투자를 할 때 자신의 지식과 능력으로 직접 하는 게 가장 좋다. 이때 투자의 이익과 손실은 전적으로 자신에게 달렸다. 주식투자로 돈을 벌어도 내 책임이고 잃어도 내 책임이다.

하지만 열심히 주식을 공부해도 잘 이해가 되지 않아 투자할 엄두를 내지 못할 수 있다. 직접 주식투자를 해도 잘한다는 보장도 없다. 그렇다고 주식투자를 안 할 수는 없는 노릇이다. 저축만으로는 자산을 불릴 방법이 없기 때문이다. 어쩔 수 없이 나를 대신할 투자자나 기관에 돈을 맡길 수밖에 없다. 이 경우 대리인 문제가 발생할 수밖에 없는 환경에 노출된다. 그렇다면 대리인에게 최소 비용을 지불하려고 노력하는 것이 최선이다. 예를 들면 일반 펀드보다 적은 비용을 지불하는 인덱스펀드에 가입하거나, 인덱스펀드보다 훨씬 적은 비용을 지불하는 ETF 상품에 투자하는 것이다.

상장기업에 투자하면 그 기업 경영자는 실제로 나를 대신해서 기업을 운영하는 것이다. 이때도 마찬가지로 대리인 문제가 생긴다. 경영진이 스톡옵션 등으로 자신의 이익만 추구할 수 있기 때문이다. 문제 해결 방법은 간단하다. 기업이 실적을 올려 벌어들인 이익을 주주들에게 배당하면 된다. 기업이 배당을 한다는 건 기업에 돈이 들어왔다는 뜻이다. 이익을 내야만 배당을 줄 수 있기 때문이다. 배당은 이익의 일부를 주주와 함께 공유한다는 의미다. 배당을 잘 주는 기업은 믿고 내 돈을 맡길 수 있는 대리인이라는 뜻도 된다. 매년 꾸준히 배당하는 기업은 주가도 함께 오르는 경우가 많다.

대리인 문제를 해결하는 가장 좋은 방법은 뭐든지 전부 직접 해내는 팔방미인 전문가가 되는 것이다. 그렇지만 과연 그런 사람이 존재하기나 할까? 모든 법을 꿰뚫고 있고, 몸이 아프면 직접 고치고, 부동산이나 주식투자를 직접 하면서 돈도 벌고.

그러면 좋겠지만 개인이 잘할 수 있는 능력 범위는 한정되어 있다. 그러므로 정보의 불일치, 신뢰성의 문제, 도덕적인 위험, 비용 문제에 따른 위험 등이 존재하는 대리인 문제는 피할 수 없다. 어쩔 수 없이 일정 부분 감수해야만 한다. 하지만 대리인에게 모든 걸 전적으로 맡길 수는 없다. 모르면 모르는 만큼 대리인에게 당할 수밖에 없기 때문이다. 스스로 어느 정도는 알아야 대리인에게 당하지 않는다.

당신은 지금 여러 대리인에게 당신의 돈을 맡기고 있을 것이다. 대리인이 하는 일에 대해 얼마나 알고 있나? 그 비용이 적절한지 파악하고 있는가? 모르는가? 그러니 당하는 것이다!

칠면조의 환상

칠면조 한 마리가 있다. 주인이 매일 먹이를 가져다준다. 먹이를 줄 때마다 '친구'인 인간이라는 종이 순전히 '나를 위해서' 먹이를 가져다주는 것이 인생의 보편적 규칙이라는 칠면조의 믿음은 확고해진다. 그런데 추수감사절을 앞둔 어느 수요일 오후, 예기치 않은 일이 이 칠면조에게 닥친다. 칠면조는 믿음의 수정을 강요받는다.

《블랙 스완》중

칠면조에게 인간은 더없이 좋은 친구였다. 매일같이 먹이를 줄 뿐만 아니라 좋은 보금자리도 마련해주고 비가 오나 눈이 오나 항상 보살펴주는 친구였다. 아무런 대가도 바라지 않고 퍼 주기만 하는 고마운 친구였다. 주변의 칠면조 친구보다 인간이 더 좋은 친구였다.

칠면조는 이런 인간을 의심하지 않았다. 인간이 나를 해코지할 것이라는 생각은 눈곱만큼도 할 수 없었다. 칠면조는 어느덧 인간이 베푸는 친절을 당연하게 여긴다. 인간이 왜 자신에게 이토록 극진한 친절을 베푸는지 따위는 중요하지 않다. 칠면조는 인간이 가져다주는 먹이를 비롯한 친절을 받아들일 뿐이다.

칠면조는 어느 날 뭔가 이상하다는 걸 느꼈다. 평소에도 친절했던 인간이지만 유독 친절한 얼굴과 행동으로 나에게 접근한다. 칠면조는 뜬금없이 모르는 곳으로 가게 된다. 그곳에서 나쁜 일이 벌어질 것이라는 의심은 하지 않았다. 하지만 운명이 달라졌다는 것을 의식할 틈도 없이 순식간에 육체와 정신이 분리된다. 칠면조의 생은 그렇게 끝이 난다.

칠면조에게 일어난 일은 과연 칠면조와 같은 가축에게만 일어나는 특수한 상황일까? 가축에게만 일어나는 일이라 치부하고 무시해도 상관없을까? 우리 인간에게는 이런 말도 안 되는 일은 절대로 일어나지 않는다며 무시해도 살아가는 데 전혀 지장이 없다고 생각하는가?

칠면조도 처음에는 두려웠다. 인간이 나에게 어떤 행동을 할지 예측할 수 없었다. 차차 경험해 보니 인간은 두려움의 대상이 아니라고 판단했다. 오히려 나를 극진히 돌보며 아프지 않게 신경 써주는 최고의 친구라는 확신이 들었다. 더 이상 두려워할 필요도 없고 인간의 행동을 의심할 필요조차 없었다.

투자를 하는 사람들이 가장 크게 망하는 경우는 초보자일 때가 아니다. 투자로 어느 정도 수익을 냈을 때다. 이미 수익을 낸 경험에 도취되어 그동안 노력했던 방법과 공부했던 이론을 철석같이 믿어버린다. 지금까지 경험한 것이 전부라고 믿으며 투자가 쉽다고 생각한다. 어느새 자신도 모르게 반복되는 패턴에 익숙해진다. 습관적으로 기계적으로 투자한다. 분명한 이유가 있기에 주가가 오르고 떨어진다는 사실은 망각한 채 자신이 잘났다고 생각한다. 자신은 당연히 수익을 볼 수밖에 없다고 믿어버린다.

인간이 칠면조에게 한 행동은 자연스러운 것이 아니라 의도를 갖고 조작한 것이다. 칠면조를 잘 키워 추수감사절에 먹기 위해 애지중지했을 뿐이다. 추수감사절은 1년에 한 번이니 그때가 오기 전까지는 태평한 시절이다. 칠면조는 추수감사절을 인식하지도 못한 채 인간의 조작에 철저하게 당하고 만 것이다.

대부분의 상황은 우리가 인지하는 것과는 달리 누군가 조작하는 것이다. 누군가 조작하고 있다는 걸 알아채지 못할 때 우리는 결국 누군가에게 이용당한다. 그 사실을 알지도 못한 채 당한다. 자신이 현재 벌어들이는 수익이 누군가의 조작에 운 좋게 편승했기 때문이라는 걸 눈치채지 못한다. 본인의 능력이라고 착각하는 투자자에게 시장은 무자비한 벌을 내린다. 이것이 바로 투자에 실패하는 사람의 공통점이다.

한편 인간의 인지 기능과 조작 기능에 차이가 발생할 때 투자로 돈을 벌 수 있는 틈새시장이 생기기도 한다. 칠면조가 오래도록 살아남으려면 평소에 잘 먹다가 추수감사절이 다가오면 잘 먹지 않아야 한다. 추수감사절이라는 큰 행사에 살이 포동포동 찌지 않은 칠면조는 외면당할 가능성이 크기 때문이다.

투자의 세계에서 고수는 누구를 지칭하고 어떤 사람일까? 사람마다 정의가 다르겠지만 '고수는 오래도록 수익을 내면서 아직도 투자하는 사람'이라고 할 수 있다. 누구는 몇 년 만에 얼마를 벌었다고 하고 누구는 어떤 방법으로 얼마를 벌었다고 자랑한다. 하지만 그런 건 중요하지 않다. 그들이 여전히 투자하고 있는지가 가장 중요한 핵심이다.

각종 투자모임에는 늘 사람들로 북적인다. 사람들의 실력이 어떤지는 알 수 없다. 어떤 사람이 고수인지, 누가 이제 막 시작하는 사람인지 말이다. 이런 정기모임에 지속적으로 참석해 보면 참여하는 사람의 숫자는 늘 비슷한데 참가하는 사람의 면면은 늘 달라진다. 1년 전에 참석한 사람이 1년 후에 다시 모임에 참석하는 비율은 10%도 안 된다.

이런 모임에서 테이블별로 이야기를 나눌 때 재미있는 현상이 있다. 모임에는 투자를 잘한다며 과시하는 사람들이 등장하게 마련이다. 이런 모임에는 초보자들이 특히 많다. 이들은 수익을 크게 냈다고 이야기한다. 자신의 투자 방법과 수익을 신나게 자랑하며 떠든다. 이들을 1년 후에 다시 보는 일은 극히 드물다.

투자할 때 누구나 수익을 볼 수 있고 손해를 볼 수 있다. 또 얼마든지 연속적으로 베팅에 성공할 수 있다. 투자도 운이 작용하는 분야라서 연속으로 10번씩 베팅이 맞을 수 있다. 이럴 때 인간은 자신의 능력을 과신한다. 우연이 작용한 것을 모르고 자신의 실력이라 믿는다.

동전을 몇 번 던져도 확률은 늘 50%이다. 수백 번을 던져도 달라지지 않는다. 인간은 이런 우연을 행운이라 여기지 않는다. 연속적으로 10번 맞힌 사람은 실력이라고 여기고《동전 던지기를 잘하는 방법》같은 책을 펴내고 자신의 실력에 도취된다. 동전 던지기로 이기는 온갖 방법을 설명한다. 하지만 정작 자신도 다시 해낼 수 있다고 확신하지는 못한다.

동전 던지기로 성공한 이유와 정확한 방법을 자신도 모르는데 사람들은 그의 설명에 열광하고 환호한다. 투자는 우연이 결부되는 세계라는 걸 사람들은 모른다. 분명히 이기는 방법이 있을 것이라 확신한다. 자신도 그 방법으로 성공할 수 있다고 믿으며 기꺼이 쌈짓돈을 내민다. 사람들은 명확히 규명할 수 없는 방법에 더 깊이 빠지고 배우려 한다.

이 모든 것은 결국 자신이 칠면조라는 걸 인정하는 꼴이다. 인간은 누군가 자신에게 베푸는 친절에 숨겨진 의도가 있다는 걸 인식하지 못한다. 작은 투자 성공도 자신의 실력이라 믿는다. 언제든 경제환경, 투자환경이 순식간에 변하여 하루아침에 모든 것을 잃을 수도 있다는 걸 깨닫지 못한다. 이기는 투자 방법을 알고 있다고 외치는 양치기의 말을 확신한다. 이런 사람은 자신이 포동포동 살이 찐 칠면조가 되었다는 걸 모른다. 칠면조는 자신의 편안함과 행복이 영원무궁할 것이라 믿었다. 아무것도 모른 채로 죽기 전까지는 말이다.

내일 아침에 갑자기 9.11 테러가 날지도 모른다. 미국발 금융위기가 터질지도 모른다. 코로나로 급격히 경제환경이 변할지도 모른다. 투자한 기업에 생각지도 못한 리스크가 터져서 대대적으로 뉴스에 나올지도 모른다. 그런데도 자신의 현재 상황이 천년만년 지속될 것이라 믿는다면 스스로는 인정하지 못하겠지만 이미 칠면조다.

하루아침에 죽을 운명이라는 걸 알았다면 칠면조는 어떻게 했을까? 칠면조와 달리 나는 현재 상황을 명확히 파악하여 대처하고 있다고 자신하는가? 정말로?

악마의 변호사

64번이나 사건을 맡아 승소한 변호사 케빈은 늘 불리한 여건을 딛고 재판을 역전시켜 유명해졌다. 성추행 사건의 승소 파티를 하던 어느 날 한 사람이 그에게 명함을 건네며 더 큰 무대인 뉴욕에서 함께 일하자고 제안한다. 케빈은 그 제안을 받아들이고 아내와 뉴욕으로 향한다. 케빈은 뉴욕에서도 승승장구하며 화려한 생활을 한다. 반면에 아내는 점점 정신적으로 이상해진다.

어느 날 회사의 중요 고객이 가족을 살해한 혐의를 받는다. 케빈은 이 사건을 의뢰받아 조사하면서 고객이 살인자라는 의심이 든다. 하지만 케빈은 이를 무시하고 변호하여 승소한다. 이를 계기로 케빈은 더욱 유명해지고 부와 명예를 거머쥔다. 한편 케빈의 아내는 점점 미쳐가고 결국 정신병원에서 자살하고 만다. 이를 이상하게 여긴 케빈은 로펌의 회장을 만난다. 이 만남에서 케빈은 회장이 악마라는 것을 깨닫고 자살한다.

하지만 이것은 케빈의 상상이었다. 케빈이 스카우트 제안을 받았을 때 앞으로의 경험을 미리 상상한 것이었다. 영화는 맨 처음의 성추행 사건으로 다시 돌아간다. 케빈은 성추행 사건을 의뢰받지 않고 양심적인 변호사가 된다. 악마는 다양한 방법으로 케빈을 다시 유혹할 것이라는 암시를 주면서 영화는 끝난다. 이 영화가 바로 알 파치노와 키아누 리브스가 주연한 '데블스 에드버킷(The Devil's Advocate, 1997)'이다.

변호사가 사건을 의뢰받을 때 의뢰인이 죄가 있는지 없는지를 보는 건 아니다. 변호사는 의뢰자를 믿고 소송을 처리해야 한다. 그렇더라도 사건을 수임할 때 잘못된 걸 알지 못할 정도는 아니다. 한편 자신의 이익을 위해서라면 상대방의 형편이나 도덕적 딜레마 따위는 전혀 신경 쓰지 않고, 정의 따위는 개에게나 주라는 식으로 사는 사람도 있다.

예를 들어 우리가 살면서 다툼이 생겨 소송을 할 때가 있다. 이때 소송을 해도 뻔히 이길 수 없다는 것을 알면서도 수임을 받는 변호사도 있다. 어차피 소송의 승패는 재판으로 가려지는 것이니 최선을 다하자는 말과 함께 사건을 맡는다. 하지만 정작 그 변호사는 사건을 맡아도 문제 해결에 신경 쓰지 않는다. 법적으로나 기존 판례를 볼 때 질 확률이 높은데도 아무 노력도 하지 않는다. 이런 변호사에게 사건의 승소는 중요하지 않다. 오직 수수료에만 관심이 있다.

이런 일은 현실에서 비일비재하다. 당신의 투자를 도와주겠다는 사람이 나타난다. 함께 투자하자는 사람도 나타난다. 투자는 무조건 성공 가능하다고 말하는 전문가도 만난다. 이들은 당신의 상황, 조건, 처지에는 관심이 없다. 오로지 당신 돈에만 관심이 있을 뿐이다. '설마 얼마 되지도 않는 돈을 노릴까?'라는 순진한 생각은 하지 말기 바란다. 당신의 돈은 얼마 되지 않을지 몰라도 당신과 같은 사람의 돈이 모이면 큰돈이 된다.

악마 변호사에게 당신이 속는 이유는 무엇일까? 바로 '확증 편향'이라는 인지부조화 때문이다. 2,000년 전 로마의 카이사르(Caesar)는 '인간은 보고 싶은 것만 본다'라는 유명한 말을 했다. 인간은 한 번 자신이 내린 판단이나 결정은 어지간해서는 바꾸지 않는다. 오히려 자신이 내린 판단이나 결정에 부합하는 증거만 열심히 수집한다.

컴퓨터 화면에 농구 연습하는 장면이 나온다. 이를 시청하는 사람에게 지금부터 농구공이 패스되는 횟수를 알려달라고 요청한다. 농구 연습이 끝난 후에 패스 횟수를 알려달라고 말하며 '혹시 화면에서 고릴라를 못 봤냐'고 물었다. 대부분은 고릴라를 보지 못했다고 답한다.

사람들에게 다시 화면을 보라고 한다. 이번에는 패스 횟수를 세지 말고 화면을 보라고 한다. 그러자 사람들 눈에 고릴라가 들어온다. 다른 장면이 아닌가 하는 의심은 잠시일 뿐 패스 횟수를 셀 때 봤던 바로 그 장면이었다. 화면에는 고릴라가 나와 가슴을 치며 의도적으로 과장된 몸짓을 한다. 그런데도 사람들은 전혀 인식하지 못했다. 자신이 보고 싶은 것만 봤기 때문이다. 무언가에 집중하는 건 대단한 일이다. 열정에 사로잡혀 집중하여 빠져든다. 하지만 가장 취약한 순간이기도 하다. 잘못된 판단을 내릴 수 있기 때문이다.

경주용 말은 눈 옆에 가리개를 한다. 오로지 앞만 보고 뛰게 하기 위해서다. 기수의 지시에 잘 따르게 만드는 장치다. 경주마는 출발선의 문이 열리면 오로지 앞만 보고 달린다. 좌우를 살필 틈도 없이 기수와 함께 연습한 대로 움직인다. 사람이 경주마처럼 오로지 보고 싶은 것만 보면서 날릴 때는 누구도 제어하지 못한다. 이때 '악마의 변호사'가 나타난다. 악마의 변호사는 기가 막히게 타이밍을 포착하여 그들이 원하는 방향으로 유도한다.

확증 편향에 빠진 당신이 보는 건 사실이나 진실이 아닐 수 있다. 가공된 사실, 가공된 진실일 가능성이 있다. 확증 편향에 빠지면 수렁에 빠진 자신을 느끼지 못한다. 수렁 밖의 화려한 모습에만 도취된다. 상황을 파악하지 못하니 자신이 편향된 인지부조화를 겪는다는 사실을 인식하지 못한다. 편협된 사고에 골몰하여 현실을 보지 못한다. 보고 싶은 것만 보면서 만족하고 기대에 들뜬다.

카톨릭에서 성인(聖人)을 추대할 때 그 사람이 성인의 조건과 자격을 갖추었는지 조사한다. 성인으로 추천된 인물인지라 대부분 좋은 이야기와 사례만 듣게 된다. 이를 방지하기 위해 부정적인 이야기도 수집하여 공정하게 심사한 후에 성인으로 추대한다. 이렇게 반대의견을 내는 사람을 '악마의 변호사'라고 한다.

마찬가지로 회사에서 회의할 때 사장 의견에는 쉽게 반대 의견을 내지 못한다. 그래서 회의 처음부터 반대 의견을 개진할 사람을 선정하여 반대 의견을 말하게 한다. 또는 모든 사람이 만장일치로 내는 의견은 무조건 거절한다. 그처럼 완벽한 의견이란 있을 수 없기 때문이다. 모든 사람이 함께 동의하는 사업 결정만큼 위험한 건 없다는 의미다.

당신이 무언가를 실행할 때는 조심하고 또 조심해야 한다. 실행도 좋지만 당신이 내린 결정이 올바른 결정인지 의심하고 또 의심해야 한다. 그렇지 않으면 '악마의 변호사'에게 먹잇감이 되어 버린다.

혹시 무언가에 푹 빠져서 다른 건 눈에 들어오지도 않는가? 당신이 하는 일의 장점만 보이고 커다란 청사진에 눈이 현혹되어 있는가? 그렇다면 스스로 '악마의 변호사'가 되어 반대의견을 개진하는 게 좋다.

벤저민 프랭클린은 곤란한 결정을 할 때 이렇게 했다. 종이 가운데 선을 긋고 한쪽에는 장점을 적고 다른 한쪽에는 단점을 나열한다. 그 후 좌우에 적은 내용 중 중요도가 떨어지는 걸 하나씩 제거하며 결론을 내렸다. 이런 방식은 객관적인 판단을 내리는 데 도움이 된다.

악마의 변호사에게 현혹되어 휘둘리지 말고 마음 한쪽에 악마의 변호사를 두어라. 보고 싶은 것만 보면서 편향에 사로잡히지 않으려고 노력해야 한다. 잘못된 결정을 줄이는 가장 핵심적인 실천 방법이다. 오늘도 '악마의 변호사'는 당신에게 속삭인다. 당신이 현재 보고 있는 사실이 진실이라고. 나만 믿고 따르면 된다고. 다른 것은 볼 필요가 없다고.

제6부

사람을 읽고 사람을 공부하라

부자 되는 공부법

학문 말고 실전 지식을 쌓아라

그는 주식 중개인이었던 아버지를 통해 주식을 알게 되었다. 신문배달로 돈을 모았고 집집마다 돌아다니며 코카콜라를 팔아 돈을 벌었다. 고등학생 때는 핀볼 사업으로 상당히 많은 돈을 벌고 적정가에 팔아넘기는 수완을 보였다. 성인이 되기 전에 도서관의 주식, 경제, 경영 관련 서적을 전부 읽었다. 희귀우표를 수집하여 이익을 남기려고 차로 전 지역을 돌아다니기도 했다. 그는 30세에 백만장자가 될 것이라고 가족에게 이야기했고 실제로 30세에 백만장자가 되었다. 그는 세계에서 모르는 사람이 없을 정도로 부자가 되었다.

워런 버핏의 이야기다. 워런 버핏의 하루는 이렇다. 출근해서 경제 채널을 묶음으로 틀어놓는다. 관계회사 사장들과 전화 통화를 한다. 그

외에는 종일 글을 읽는다. 퇴근 후에도 마찬가지로 글을 읽는다. 버핏이 글을 읽는 건 이론이나 학문을 익히기 위함이 아니다.

어떤 일을 할 때 이론은 중요하다. 이론은 시행착오를 줄여주는 역할을 한다. 한편 경험을 중시하는 사람은 현장에서 배우는 경험이 중요하다고 말한다. 심지어 책상머리에 앉아 배우는 이론은 쓰레기라고 표현하는 사람도 있다. 하지만 결코 그렇지 않다. 이론 없는 경험을 쌓는 것은 이론만 아는 것보다 성공할 가능성이 클 수 있지만, 기본적인 이론을 모른다면 그것은 사상누각(沙上樓閣)과 같다.

이론이 중요하다는 걸 알기에 이론을 파고들어 공부하는 사람이 제법 많다. 주식투자를 하기 위해 증권상담사 자격증 공부를 한다. 부동산투자를 하려고 부동산 중개사 자격증을 공부한다. 자격증은 자격증대로 존재 이유가 있다. 시험을 대비하여 공부하면서 도움받는 부분이 분명히 있다. 하지만 자격증을 따기 위한 공부로 그칠 때가 더 많다.

학문하는 사람 중 가장 뛰어난 사람은 누가 뭐라고 해도 해당 분야의 교수다. 그러나 부자 순위에서 경제 분야 교수는 눈을 씻고 찾아봐도 볼 수 없다. 교수로 활동하면서 주식투자나 부동산 투자로 부를 거머쥔 사람도 분명히 존재한다. 그렇지만 정규분포 곡선의 양쪽 극단에 존재하는 극히 희귀한 별종처럼 드물다.

우리는 학문을 가르치는 사람에게 새로운 이론과 색다른 접근 방법을 배울 수 있지만 실전에서 직접 써먹을 수 있는 걸 배우기는 힘들다. 그런데도 많은 사람이 이론 공부에 전념하는 경우가 많다. 내 경우에 부동산 경매 기초 강의와 후천적 부자 아카데미 등을 통해 투자에 대한 기본적인 사항을 수강생에게 알려준다. 강의 시작과 마지막에 분명히 이야기한다. 지금 알려준 내용으로 직접 투지에 뛰어들면 된다고. 내가 알려준 것이 투자의 전부는 아니다. 배울 건 무궁무진하다. 하지만 이 정도만 알아도 일단 투자를 시작하는 데 문제는 없다고 분명히 말한다.

시간이 지나 이들을 다시 만나면 투자로 성과를 낸 사람도 있고, 여전히 제자리인 사람도 있다. 제자리인 사람은 아직도 부족하고 공부할 게 많다고 한다. 그런 이유로 다른 강의를 듣고 있다고 한다. 이런 사람은 학문과 지식의 세계는 끝이 없고 무궁무진하다는 걸 모른다. 도저히 끝낼 수 없을 정도로 배워야 할 것이 널리고 널렸다. 우리가 고수라고 지칭하는 사람들도 자신에게 닥치는 모든 상황에 대처할 수 있는 지식을 갖고 있지는 않다.

나는 지금까지 꽤 많은 사람을 만났다. 투자로 훌륭한 성과를 낸 사람들 중 누구도 이제 더 이상 공부할 필요가 없다고 말하지 않는다. 모르는 게 많아서 투자할 수 없다는 이야기는 더더욱 하지 않는다. 투자를 위한 기초적인 지식을 배웠다면 남은 건 하나다. 직접 경험을 쌓으면서 조금씩 성장하고 실수를 고쳐나가면 된다.

모든 걸 완전히 배우고 투자하겠다는 건 평생 투자하지 않겠다는 뜻과 같다. 대학에서 끊임없이 학문을 연구하고 조사하는 교수나 노벨상을 받은 사람마저도 자신은 아직 멀었다고 이야기한다. 이런데도 당신은 모든 걸 완벽히 습득한 후에 뭔가를 하겠다고 생각할 텐가?

《파리의 주얼리 상인》 저자 장영배는 중학교를 졸업하고 어려운 집안 사정, 학비, 장래 문제로 공군학교에 들어갔다. 졸업 후 사관이 되었지만 공부에 대한 미련이 남아 야간대학을 다녔다. 그는 안정이 보장된 군대를 제대하고 대학에서 딴 교사 자격증도 뿌리치고 미국으로 간다.

미국에서 벨보이 생활을 하며 돈을 모은다. 조금 더 공부하려 했는데 뜻하지 않게 IMF 외환위기가 터지면서 인생이 꼬인다.

그는 우연히 주얼리 회사에 들어가 영업을 시작했다. 주얼리에 대해 아무것도 모르던 장영배는 먹고살겠다는 의지 하나만으로 영업처를 뚫어 회사에 두 배의 실적을 안겨준다. 그는 보다 큰물에서 놀기 위해 유대인이 운영하는 주얼리 회사에 입사한다. 그곳에서 주얼리 시장의 메인스트림을 배우고 창업했다. 그런데 사업이 궤도에 올라가려는 찰나 9.11사태가 터진다. 이 때문에 비자 문제가 엄격해지자 그는 모든 걸 포기하고 한국으로 돌아온다. 프랑스 여인과 결혼을 한 상태였고 아내는 한국 생활에 적응하지 못했다. 그는 아내를 위해 자신이 고생하는 게 더 낫겠다고 생각하고 프랑스로 간다.

그는 말도 통하지 않는 프랑스에서 다시 한번 주얼리로 승부를 걸었다. 고객을 직접 응대하지 않는 BtoB(Business to Business, 기업 간 거래) 사업이었다. 일관된 품질과 신뢰를 바탕으로 프랑스 주얼리 시장에 안착하였고 프랑스 한인 사이에서 알아주는 유명 인사가 되었다. 그는 젊은 친구들을 도와주며 프랑스에서 한국을 알리고 있다.

장영배는 주얼리 분야에서 성공하기 위해 학문을 닦지 않았다. 직접 주얼리 시장에 뛰어들어 일하면서 부족한 부분을 공부하고 연구했다. 사람들을 만나 물어보면서 하나씩 하나씩 익혔다. 아는 사람도 없고 말도 잘 통하지 않는 외국에서 실전 지식을 쌓아가며 실력을 높인 결과 크게 성공할 수 있었다.

사람들은 "아는 게 없어 못 한다"고 이야기한다. 맞다. 아무것도 모르는 상태에서 무엇을 할 수 있겠는가? 조금이라도 뭘 알아야 할 수 있는 건 사실이다. 하지만 학문석으로 교과서를 다 외워 완벽하게 익혀야만 할 수 있다는 뜻은 아니다. 생각한 후에 행동하는 것이 좋은지, 행동한 후에 생각하는 것이 좋은지는 중요하지 않다. 생각하면서 행동하거나, 행동하면서 생각하면 된다.

꼭 뭔가를 알아야만 할 수 있는 것도 아니다. 새로 산 스마트폰의 설명서를 전부 읽은 후에 하나씩 따라 하는 사람이 얼마나 될까? 이것저것 만지면서 하나씩 알아가지 않는가? 대부분이 그럴 것이다. 우리 부모님도 스마트폰을 장만하고 설명서를 볼 생각은 안 한다. 하나씩 만지면서 모르는 게 있을 때마다 나에게 물어본다. 덕분에 좀 귀찮기는 했지만 그렇게 스마트폰 사용법을 배우셨다. 실전으로 배워서 지금은 잘 활용하고 계신다.

무언가를 다 알고 시작하겠다는 건 할 생각이 없다는 뜻이다. 수능 시험에서 만점을 맞아야만 사회에서 성공하는 건 아니다. 사회에 나가면 모두 새롭게 0점에서 출발한다. 대학에 입학할 때도 각 대학이 원하는 커트라인 점수만 충족하면 된다. 굳이 만점을 맞아야 할 필요는 없다.

장담하건대 당신의 공부가 다 끝난 후에 무언가를 시작하는 건 절대로 불가능하다. 숨 쉬지 않아도 안 죽는다는 말처럼 어려운 일이다. 그 분야에서 꼭 필요한 실전 지식만 익힌 다음에 직접 실행하는 것이 중요하다. 학문은 학문을 익히고 발전시키는 전문가에게 맡겨라!

상상력을 키워라

고등학생 때 놀라운 영화를 보았다. 사이보그가 자신들의 미래에 해가 되는 인물을 죽이려고 타임머신을 타고 과거로 오는 내용이다. 바로 《터미네이터 2》다. 당시에는 지금처럼 멀티플렉스가 없어서 개봉관이 적었다. 얼마나 인기였는지 영화를 보려면 새벽부터 줄을 서야 할 정도였다. 나도 영화를 보러 갔는데 이미 표가 매진되어 볼 수 없었다. 암표상과 끝까지 실랑이를 벌인 끝에 영화 시작 직전이 되어서야 거의 원가에 암표를 사서 관람했다.

영화에서 T-1000의 등장은 지금도 잊을 수 없을 정도로 충격적인 영상이었다. 당시에는 생각하지도 못했던 CG는 관객을 압도했다. 단 한 번도 인간이 물처럼 흐물흐물 할 수 있다고 생각한 적이 없었기 때문이다. 영화는 내흥행이있다. 영화 CG기 획기적으로 발전하는 계기도 되었다. 누구도 상상하지 못했던 장면을 보여준 제임스 카메론 감독은 자본에 구애받지 않고 찍고 싶은 영화를 찍을 수 있게 되었다. 그는 《타이타닉》과 《아바타》를 만들어 다시 한번 세계적인 열풍을 불러일으켰다.

'문사철'이라는 용어가 있다. 문학, 역사, 철학의 줄임말이다. 사람들은 이 분야가 중요하다고 이야기한다. 하지만 문학, 역사, 철학은 사회생활에 직접적인 도움을 주지는 않는다. 대학에서도 이러지도 저러지도 못하는 계륵 같은 학문이었지만 이제는 사람들에게 인기를 끌고 있다.

이러한 현상은 스티브 잡스가 아이폰을 유행시키면서부터 본격화되었다. 예전에는 핸드폰은 핸드폰이고 컴퓨터는 컴퓨터였다. 서로 각자의 영역이 있었다. 스티브 잡스는 이 모든 것을 융합하여 전화기를 컴퓨터처럼 쓸 수 있게 만들었다. 사람이 손가락으로 조작하기 쉬운 인터페이스와 운영체계를 만들어 세계적인 열풍을 불러일으켰다.

스티브 잡스는 상상력의 원천으로 인문학을 꼽았다. "소크라테스와 점심 한 끼를 할 수 있다면 애플의 모든 기술을 내놓겠다."라고 표현할 정도였다. 혁신적인 제품을 세상에 선보인 비결은 바로 인문학적인 고찰이라고 그는 말했다. 예전에는 기업들이 제품을 잘 만들어 많이 팔려고 노력했다. 하지만 이제는 잘 만들었다고 팔리지 않는다. 사람들에게 꼭 필요하고, 활용성이 좋고, 디자인도 뛰어나야 팔린다.

'문학'은 인간이 다양한 상황에서 겪는 감정과 생각을 상세한 묘사로 우리에게 알려준다. 인간이 어떤 환경에서 어떤 행동을 하는지 구체적으로 묘사하여 공감하게 만든다. '역사'는 현재 우리에게 벌어지는 일들이 처음 겪는 상황이 아니라는 걸 깨닫게 만든다. '철학'은 사람들이 어떤 생각으로 살고 있는지 알려준다.

사람들이 문사철을 주목하는 이유는 우리가 인간이기 때문이다. 우리가 무언가를 하려면 무조건 상대가 있어야 한다. 그 상대는 바로 인간이다. 인간을 상대로 무언가를 팔고, 구입하고, 협상해야 한다. 협상으로 이득을 보기도 하고 손해를 보기도 한다. 모든 문제의 근원은 인간관계에서 나온다. 결국 우리가 문사철을 공부하는 이유는 인간을 알기 위해서다.

상상력은 무척이나 어려운 개념이다. 도대체 어떻게 상상력을 키울 수 있는지 막막하기만 하다. 사람들 대부분은 창의력이나 상상력과 거리가 먼 인생을 살았다. 그래서인지 사람들은 상상력이나 창의력을 거창하고 대단하다고 믿거나 어렵게 생각한다.

흔히 상상력은 머리에서 출발한다고 생각한다. 그러나《비저블 이펙트(Visible Effect)》저자 김동준은 "아이디어는 머리가 아니라 눈(EYE)이 만든다."라고 말한다. 기존에 없던 걸 만드는 건 불가능하다. 한마디로 무에서 유를 창조할 수 없다. 모든 창조는 남을 베끼는 것에서 출발한다. 또는 남들과 다르게 보는 것에서 출발한다. 상상력을 키우려면 이런 연습이 필요하다.

'조하리의 창(Johari's Window)'이라는 것이 있다. 방을 네 권역으로 나누고 대각선으로 두 명이 마주본다. 이때 내가 보는 권역이 있고, 상대가 보는 권역이 있다. 둘이 함께 볼 수 있는 권역이 있고, 둘 다 볼 수 없는 권역도 있다. 볼 수 없는 미지의 영역을 최대한 줄이려면 서로 아이디어를 기탄없이 이야기할 수 있어야 하고, 말을 못 하게 막지 말아야 한다. 그래야 생각지도 못한 아이디어가 튀어나오고 상상력과 창의력이 발전할 수 있다. 획일적인 문화와 흑백논리가 만연한 한국 사회가 꼭 고쳐야

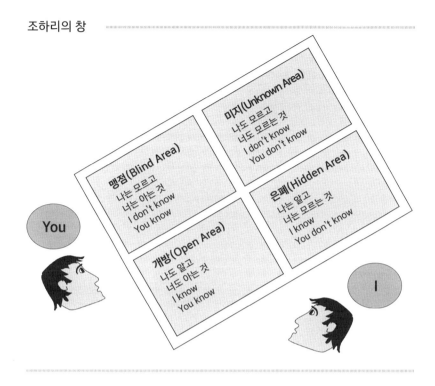

할 문제다. 이 부분만 바뀌어도 상상력이 넘치는 사회가 되지 않을까.

아무것도 모르는 무지의 상태에서는 아무것도 상상할 수 없다. 뭔가를 알아야 한다. 가장 좋은 건 성공한 사람들의 방법을 그대로 쫓는 것이다. 당신이 부동산 경매 투자를 배우려고 한다. 유명한 경매 투자자는 자신의 투자 방법을 책이나 글로 세상에 알려준다. 쉽지 않겠지만 그 방법을 그대로 따라 하면 된다. 책은 저자가 투자한 방법을 설명해 주고 관련 사건도 찾아볼 수 있게 알려준다. 그 사건을 검색하여 찾아보고 나라면 그 물건을 어떻게 처리할지 고민해 본다. 직접 현장에 찾아가서 그 물건이 어떻게 달라졌는지 확인한다. 이런 식으로 나보다 앞선 사람들의 방법을 복사한다. 비슷한 물건을 만났을 때 간접경험을 토대로 같은 방법으로 접근한다. 이렇게 몇 번 시도하면 실력이 늘어난다.

주식투자도 마찬가지다. 시시각각 변하는 경제 상황에서 한국 기업은 외부 환경에 좌지우지될 수밖에 없는 한계가 존재한다. 주식투자에 성공한 사람이 각 기업을 어떤 방법으로 조사하고 접근했는지 파악하고, 당시의 주가를 확인하고, 그 기업에 투자한 아이디어를 참고하여 현재 상황에 적용해 본다. 당시 경제 상황에 따른 주가를 확인하고 이유도 함께 고민한다. 이렇게 한다면 탄탄한 실력을 쌓을 수 있다.

다른 사람의 투자 방법을 끊임없이 읽고 또 읽어야 하는 이유가 또 있다. 투자를 잘하는 사람도 자신이 했던 방법만 반복하려는 경향이 있다. 그러면 어느 순간 변화를 싫어하게 되고 작은 변화에도 적응하지 못하여 도태되기 쉽다. 다른 사람의 투자 방법을 참고하고 그 방법을 배우면서, 나라면 어떻게 접근하고 협상하고 투자할지 고민해야 한다. 이것이 바로 상상력을 키우는 방법이다. 이렇게 하면 주변 사람들에게 접근 방법이 색다르다는 칭찬도 받을 수 있을 것이다.

책을 많이 읽는 것도 좋은 방법이다. 이 세상에는 백인 백색의 사람이 있다. 남들이 생각지도 못한 방법으로 살아가는 사람도 있다. 그들의 이야기를 듣는 것만으로도 기존에 없던 방법을 배울 수 있다. 이미 앞서 간 사람들의 노하우를 터득할 수 있다. 성공한 사람의 책장에 괜히 책이 가득한 것이 아니다. 그들은 끊임없이 새로운 걸 배워 도태되지 않으려고 책을 읽는다. 그 책을 읽고 현실에 적용할 뿐인데도 사람들은 상상력이 뛰어나다고 이야기한다. 이미 책에 다 나와 있다는 사실을 모르고 사람들이 칭찬한다. 그저 흉내 내고 따라 했을 뿐인데도 말이다.

이제 상상력은 막연한 개념이 아니라 나도 할 수 있는 친근한 개념으로 다가왔을 것이다. 남을 흉내 내기만 해도 훌륭한 상상력이 될 수 있다. 거창한 '문사철'을 잘 몰라도 말이다. 문사철을 가까이할 필요는 있지만 강박적으로 접하는 문사철은 오히려 독이 될 수 있다는 걸 잊지 말자.

상상력은 앉아서 머리 싸매고 고민한다고 나오지 않는다. 상상력은 머리가 아닌 눈으로 만들 수 있다. 많이 보고 많이 읽는 것만으로 가능하다. 당신도 할 수 있다! 상상력을 키워라!

채찍 효과를 기억하라

리듬 체조의 리본 종목은 우아하고 화려하다. 리본은 리듬 체조의 꽃이라 할 수 있다. 리본을 흔들 때마다 리본이 리드미컬하게 움직이는 모습은 참으로 아름답다. 선수가 손목을 움직일 때마다 리본이 다양한 모습으로 변하며 갖가지 형태를 보여준다.

우리가 리본 체조를 볼 때 손목을 보지 않는다. 손목에서 출발하여 점차 널리 퍼지면서 아름답게 움직이는 리본의 끝을 본다. 리본의 시작은 미약하지만 리본의 끝으로 갈수록 넓게 펼쳐진다. 리본은 아름다운 움직임을 보이며 우리를 황홀하게 만든다.

우리가 경제 현상을 관찰할 때도 마찬가지다. 리본이 넓게 펼쳐지는 것과 같은 채찍 효과에 주목해야 한다. 채찍 효과(bullwhip effect)란 채찍 손잡이를 몇 센티만 살짝 움직여도 채찍 끝부분이 몇 미터 이상 움직이는 것을 말한다. 한마디로 공급사슬(supply chain)의 가장 끝에 있는 기업이 작은 수요의 변화에도 엄청난 영향을 받는 것을 말한다.

공급사슬은 포터와 밀러가 제안한 것으로 기업의 제반 활동이 서로 사슬처럼 연결되어 가치를 창출하는 것을 말한다. 이를 처음 발견한 것은 미국의 P&G(Procter&Gamble)라는 생활용품 제조업체였다. 아기 기저귀는 상품 특성상 부모가 기저귀를 사는 수량이 일정하다. 그런데 P&G는 소매점과 도매점에서 요청하는 수량이 들쑥날쑥한 것을 발견했다.

이런 일이 발생하는 이유는 다음과 같다. 아기 부모들이 갑자기 기저귀를 많이 구입하면 소매점은 향후 수요가 더 많아질 것으로 판단하여 도매점에 더 많이 주문한다. 도매점은 소매점의 많은 주문 때문에 충분한 재고를 확보하려고 한다. 도매점은 소매점에서 주문받은 물량보다 더 많은 물량을 제조업체에 주문한다. 여러 도매점에서 주문받은 제조업체는 많은 물량을 만들려고 노력한다. 하지만 제조업체는 주문량이 많은 도매점에 먼저 물량을 공급한다. 도매점은 충분한 물량을 공급받으려고 소매점에서 받은 주문보다 더 많은 양을 주문한다.

이처럼 일시적으로 늘어난 판매 때문에 수요와 공급의 왜곡 현상이 나타난다. 우리가 살아가는 세상 모든 곳에서 이런 현상이 생긴다. 인간은 반드시 무언가를 구입하고 소비한다. 이에 따라 경제 현상의 변동이 반드시 생긴다. 소비가 자본주의를 발전시키고 부의 편중을 심화시킨 요인 중 하나다. 이러한 소비는 선진국일수록 심하다.

후진국은 소비하고 싶어도 할 수 없다. 먹고 사는 것조차 힘들어 소비라고 할 만한 것이 없다. 2009년 IMF와 크레디트 스위스(Credit Suisse) 은행의 발표에 따르면, 미국, 일본, 독일, 영국, 프랑스, 이탈리아, 캐나

다를 지칭하는 G7 국가의 소비는 전 세계 소비의 60%를 넘는다. 최대 소비국가인 미국의 소비 비중은 30%나 된다.

세계 인구 1위는 중국이고 2위는 인도다. 두 나라의 인구를 합치면 전 세계 인구의 1/3 정도다. 하지만 이들의 전 세계 소비 비중은 7.4% 정도다. 미국의 1/3에도 미치지 못한다. 게다가 14억 인구 대국인 인도의 소비 비중은 2.2%밖에 안 된다. 한국, 대만, 싱가포르, 홍콩을 합한 2.9%보다 못하다. 네 나라의 인구는 인도의 1/10도 되지 않는데도 말이다.

과거에는 소비라고 할 정도의 소비를 해 본 적이 없다. 자급자족하고 물물교환을 하며 교역으로 부족한 것을 채우는 정도였다. 지금처럼 개인적 만족을 위한 소비를 시대는 아니었다. 선진국일수록 자신의 만족을 위해 소비한다. 그러려면 소득이 있어야 하고, 소비를 촉진하는 제품이 존재해야 하고, 제품을 제공하는 기업이 있어야 한다.

세계는 하나의 생활권이 되고 동시대성으로 살아간다. 소비하는 정도에 따라 국가의 경제 수준을 파악할 수 있을 정도다. 소비가 많은 나라일수록 선진국이고 소비가 활발할수록 호황이라고 예측하는 건 어렵지 않다. 소비라는 잣대 하나만으로 단순하게 경제 현상을 본다는 비판을 받을 수는 있지만 그 어떤 잣대보다 정확하고 확실한 바로미터다.

선진국 중 미국의 소비가 가장 중요한 이유가 있다. 미국의 소비가 늘어나면 제품이 부족해지기 시작한다. 미국은 세계 최대 소비 대국이기 때문에 자국에서 만드는 제품만으로는 소비자를 충족시킬 수 없다. 소비가 많은 제품은 물품 부족 현상을 겪는다. 물품이 부족하니 소매업체는 도매업체에 다량의 제품을 주문한다. 도매업체는 제조업체에 자신이 받은 주문량보다 더 많이 요청하게 된다.

미국 내에서 사체적으로 모든 제품을 생산하고 공급할 수 없다. 미국은 필요한 물량을 맞추기 위해 전 세계 여러 기업에 제품을 공급해 달라고 요청한다. 문제는 미국에 수출하는 한국 같은 국가다. 한국에서 제품을 생산하여 미국에 보내고 도착할 때까지 시간상 갭이 생길 수밖에 없다. 제품을 생산하여 미국에 보낼 때 대부분 배를 이용하기 때문이다.

이런 이유로 미국의 소비가 크게 늘었다는 이야기가 돌고 일정 시간이 흘러야만 한국 기업의 실적이 개선된다. 그 기간은 대략 6~12개월이다. 한국 국내에서 만든 제품이 아니더라도 그 제품을 만드는 최종 기업이 한국 회사라면 한국 기업의 이익이 늘어난다. 한국 회사가 미국 내에서 만드는 제품이나 미국 인접 국가에서 만드는 제품 등이 그렇다.

이것은 엄청난 효과를 국내에 불러일으킨다. 기업 이익이 늘어나면 더 많은 제품을 생산할 수 있다. 기업은 더 많은 직원을 고용하고 설비 투자를 한다. 기업이 벌어들인 돈이 개인에게 퍼지는 효과가 나온다. 채찍의 시작은 미약하지만 채찍 끝으로 갈수록 채찍 효과는 커진다. 생각하지도 못한 여러 곳에서 효과를 낸다.

미국의 소비재 수입 비중이 늘어날수록 한국의 수출증가율이 가팔라진다. 미국의 소비재 수입이 늘어나면 일정 기간을 두고 한국 기업의 주가가 오르기 시작한다. 주가는 기업 실적을 선반영하기 때문에 먼저 반응하는 것이다. 이처럼 미국의 소비 증가와 한국 기업의 실적은 큰 상관관계를 가진다. 미국 소비가 증가하면 한국 경제는 덩달아 좋아진다.

한국이 세계 경제에서 차지하는 비중은 적다. 소비 비중도 기껏해야 1% 정도이다. 한국은 외부 영향에 자유로울 수 없는 한계도 갖고 있다. 그렇기에 한국에서 벌어지는 현상만으로 무언가를 판단하고 결정하기

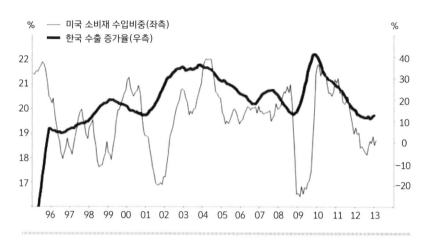

미국 소비재 수입비중 vs 한국 수출 증가율

% ── 미국 소비재 수입비중(좌측) %
── 한국 수출 증가율(우측)

는 힘들다. 너무나 불완전한 상황에서 판단해야 한다는 뜻이다. 우리가 뭔가를 열심히 해도 뜻대로 되지 않는 이유가 바로 여기에 있다.

불행히도 한국은 채찍 효과의 가장 마지막 단계에 있는 나라다. 한국 경제가 그토록 롤러코스터를 타고, 환율이 춤을 추고, 경기가 안정적이지 못한 이유다. 한국은 인구가 적어 내수 효과를 제대로 누릴 수 없다. 반드시 수출을 해야 하는 구조다. 한국 기업이 세계 경제에 유독 취약할 수밖에 없는 구조적인 이유다.

한국이 채찍 효과의 마지막에 노출되어 휘둘리는 처지에서 벗어나려면 국내 소비가 늘어야 한다. 안타깝게도 인구가 늘지 않는 한 힘들다. 다른 방법은 원화가 힘을 갖는 것이다. 예전보다 한국의 경제 규모가 성장하고 국력도 커졌지만 세계시장에서 원화는 여전히 달러, 엔화나 유로처럼 안전자산 취급을 받지 못한다. 상대적으로 믿을 수 없는 화폐다.

한국 주식시장은 국내 기관과 개인들의 힘으로 움직이는 시장이 아니다. 외국 자본에 의해 움직이는 시장이다. 미국 주가가 오르면 시차를 두고 오르고 미국 주가가 내리면 시차를 두고 내린다. 미국이라는 채찍 손잡이가 조금만 움직여도 채찍 끝에 있는 한국 주식시장은 요동친다.

이런 현상이 주식시장에만 나타나는 건 아니다. 한국 경제 전반에 영향을 미치며 부동산에도 파급효과가 나타난다. 한국으로 들어오는 달러가 넘치면 원화로 환전된 돈이 시중에 퍼져 유동성이 늘어난다. 갈 곳 잃은 돈은 채찍 끝에 있는 부동산과 주식으로 유입된다. 반대로 한국에서 달러가 유출되면 유동성이 줄어들면서 주식과 부동산 가격이 내려간다.

당신 눈앞의 현상만 보고 판단하고 결정하면 안 된다. 채찍 효과의 가장 끝에 있는 한국의 위치를 잊지 말자. 한국에서 벌어지는 움직임만 보지 말고 큰 자본과 소비가 움직이는 미국의 움직임을 살펴보고 대처해야 한다. 그래야 현명한 투자 결정, 사업 결정을 내릴 수 있다. 채찍 효과를 기억하고 이에 대비해야 한다. 당신의 소중한 자산을 지키고 늘리고 불리려면!

사람들의 욕망을 탐구하라

아파트, 빌라, 오피스텔 등은 사람이 거주하는 공간이다. 이 중 한국인이 가장 선호하는 주거 공간은 아파트다. 아파트는 대한민국뿐 아니라 외국에도 존재하는데, 유독 한국에서 선망의 대상이자 거주 공간의 대표가 된 이유는 무엇일까? 가까운 일본은 지진 문제로 높은 고층을 선호하지 않는다고 하지만 다른 나라는 상관없는데도 말이다.

아파트의 가장 큰 장점은 바로 단지라는 특성이다. 아파트가 달랑 한 동만 있으면 사람들이 선호하지 않는다. 몇천 세대로 구성된 대단지 아파트를 선호한다. 그 이유는 인간의 욕망을 충족시켜주기 때문이다. 외국인이 가장 신기해하는 부분 중 하나가 바로 아파트 단지다. 아파트가 블록으로 뭉쳐 있는 것도 신기하지만 모든 편의시설이 아파트 단지 내에 있는 걸 더욱 신기하게 여긴다.

아파트 단지 내에는 외부와 차단된 거주 시설이 있다. 아파트를 관리하는 관리단이 있고 내부에 공원, 수영장, 도서관이 있다. 아파트와 다른 공간을 구분하는 커다란 보호막도 처져 있다. 건설사가 만든 브랜드는 인간의 욕망을 자극하며 그들만의 커뮤니티도 갖추고 있다.

아파트 단지는 그들만이 즐기고, 누리고, 이용할 수 있는 차별화된 공간과 혜택을 제공한다. 초고가의 아파트일수록 더욱 그렇다. 입구에서부터 경호원들이 출입을 통제하고 철저하게 외부와 차단한다. 이런 점이 마음에 들어 비싼 집값과 관리비를 지불하고 거주한다. 인간의 욕망을(비록 그 욕망이 속물적일지라도) 충족하는 대한민국의 대표적인 욕망덩어리가 바로 아파트다.

아파트가 성공할 수 있었던 데는 기존에 없던 새로운 주거 공간을 제공한 건설사의 역할이 컸다. 이후 아파트가 보편화되면서 차별성을 제공할 수 없게 되자 건설사는 사람들의 욕망에 호소했다. 건설사마다 자신의 브랜드를 내세우며 특정 브랜드에 살면 좋다는 이미지를 심었다. 현재는 특정 브랜드 아파트가 해당 지역을 대표할 정도이다.

돈을 번다는 건 누군가에게 돈을 받거나 얻는 것이다. 돈을 벌고 싶다면 사람들이 돈을 쓰는 이유에 대해 고민해야 한다. 사람들이 돈을 쓰는 곳에 투자하거나 그곳에 돈을 투입해야 한다. 인간의 욕망을 자극하는 방법을 찾고 그 욕망을 만족시켜 주면 돈은 저절로 굴러온다.

인간의 욕망을 만족시켜 주는 가장 대표적인 것이 바로 소비다. 사람들은 소비할 때 세상의 주인공이 된 듯한 착각에 빠진다. 소비는 자신이 가장 중요한 인물이라 믿게 만들고 작아진 자존심마저 드높인다. 인간이 소비하는 이유는 내 존재감을 잃지 않기 위해서다. 이것이 바로 핵심이다. 그러니 누군가의 돈을 갖고 싶다면 그 사람의 욕망을 자극해서 나에게 돈을 쓰게 만들면 된다.

대기업이 연구소를 만들고 광고회사를 운영하는 이유는 자신들의 사업에 도움받으려는 부분이 있고, 자사의 이미지를 좋게 꾸미려는 측면도 있다. 또한 소비자의 욕망을 연구하여 효과적으로 많이 팔기 위한 목적도 있다. 팔지 않으면 기업은 망하기 때문이다.

인간은 누구나 자신을 평균 이상이라 믿어 의심치 않는다. 단 한 명도 평균 이하라고 표현하지 않는다. "당신은 평균입니까?"라고 묻는다면 십이면 십 모두 평균은 된다고 말한다. 실제로 정규분포곡선을 보면 다수가 평균에 집중되어 있다. 그러나 평균에서 벗어나는 경우도 많다. 인간은 자신을 제대로 파악하지 못하고 과대평가한다는 뜻이다.

기업들은 이런 사실을 진작 알고 있기에 물건을 사는 고객이 무식하다고 느끼지 않도록 한다. 자사의 제품을 사는 사람은 똑똑하고, 세상의 주인공이고, 최고라고 믿게 만든다. 신형 아이폰이 출시되는 날 새벽부터 줄을 서서 구입하는 하는 이유는 내가 남보다 더 낫다는 것을 사람들에게 알리려는 욕망의 발로다.

기업은 이러한 이유로 식역하 광고(subliminal advertising, 소비자의 잠재의식에 호소하는 광고)를 한다. 의식하지도 못할 만큼 짧은 순간에 자신들의 의도를 소비자에게 전달한다. 우리가 의식하지도 못하는 사이에 뇌를 자극하는 정보에 노출된다. 의지와 상관없이 무언가를 소비하고 싶다고 생각하는 이유가 바로 여기에 있다.

갑자기 콜라나 피자를 먹고 싶을 때가 있다. 유명 연예인이 선전하는 상품을 봤기 때문이다. 해당 제품을 아무런 의심 없이 믿고 사는 이유는 바로 인간의 욕망을 건드렸기 때문이다. 광고는 우리가 갈구하는 욕망을 제대로 자극한다. 소비해야만 제대로 된 인간의 삶을 사는 것이라는 신호를 끊임없이 전달한다. 소비하지 않으면 덜떨어진 인간처럼 낙인찍히고 사회에서 도태된 인간으로 보일까 봐 필요 없는 소비를 한다.

히틀러는 1차 세계대전으로 힘들어하는 독일 사람들에게 '우리는 위대한 게르만 민족'이라고 주장했다. '이렇게 살아갈 민족이 아니다'라는 의식을 심어주며 사람들의 욕망을 자극했다. 그 결과 히틀러는 독일 총리가 되어 2차 세계대전을 일으켰다. 사이비 종교의 교주는 교인의 연약한 마음을 건드려 그들이 품고 있는 욕망을 해결해 준다. 교인이 듣고 싶은 걸 설교하고 믿고 싶은 걸 믿게끔 보여줘서 절대 교주가 되는 것이다.

성공한 사람은 자신의 소비적인 욕망은 철저히 자제하고, 동기를 자극하는 욕망은 최대한 분출한다. 자신이 상대하는 기업이나 사람이 어떤 욕망을 갖고 있는지 파악하고 이를 집중적으로 노린다. 상대방의 욕망을 조사하고 연구하여 최대한 자신에게 유리하게 만든다. 자신의 욕망을 충족시켜주는 유혹에 흔들리지 않고 끝까지 평정심을 유지하는 사람은 드물다. 몰라서 당하기도 하지만, 뻔히 알면서도 당하는 이유는 바로 나의 욕망을 뒤흔드는 상대방의 유혹 때문이다.

자신의 소비적인 욕망을 자제하지 못하고, 상대방의 욕망을 알려는 노력을 게을리할수록 부는 멀어진다. 사회가 발달하고 잘 살수록 의식주처럼 원초적인 인간의 욕망을 자극하는 걸로는 아무런 이득도 취할 수 없다. 먹을 게 풍족할 때는 먹을 걸 줘도 먹으려 하지 않기 때문이다.

원초적인 부분이 해결된 인간에게 그 이상의 욕망을 해결해 줄 수 있어야 성공할 수 있다. 그러려면 상대방에게 뭔가 부족하다는 것을 일깨

워서 사고 싶다는 마음이 들게 해야 한다. 상대방의 정확한 욕망을 파악해야 한다. 모두에게 적용되는 욕망이 아니라 사람마다 각자 가진 욕망을 자극해야 한다. 기업들이 명확한 고객층을 설정하여 광고하는 이유는 불특정 다수의 욕망을 전부 채워줄 수 없기 때문이다.

방송국은 소비를 왕성하게 하는 20~30대가 선호하는 프로를 황금 시간대에 배치한다. 지갑을 열려면 주 공략 대상의 욕망을 자극해야 하기 때문이다. 당신이 공략해야 할 대상의 욕망을 탐구하고 조사하여 이를 만족시켜 줄 방법을 찾아야 한다. 그래야만 그들로부터 당신이 원하는 걸 얻을 수 있다.

당신이 원하는 건 무엇인가? 그걸 남들도 원한다고 생각하는가? 그렇다면 지금부터 그걸 잡고 늘어져서 어떻게 하면 그 욕망을 해결할 수 있는지 파악해라. 방법을 발견하면 그걸 원하는 사람들에게 그 방법을 제시하라. 돈이 될 것이다. 당신이 투자하려는 대상에도 똑같이 적용해라. 그 대상을 통해 사람들이 욕망을 해결할 수 있을지 고민해라. 욕망이 해결된다면 투자해도 좋다는 결론이 나올 수 있다.

자신의 욕망!

타인의 욕망!

집단의 욕망!

이것을 기억하고 탐구하라!

적당히 공부하지 마라

과거에는 투자를 공부하는 데 도움이 되는 책이나 강의가 적었다. 제대로 된 방법을 알려주는 곳도 드물었다. 사람들에게 투자의 개념을 본격적으로 소개하고 알린 건 아마도 《부자 아빠 가난한 아빠》와 《한국의 부자들》 책이 아닐까 한다. 이때부터 투자와 부자에 대한 관심이 폭발했다. 투자, 자기계발 책과 강의가 우후죽순으로 쏟아져 나오기 시작했다.

이제는 유튜브에도 경제 관련 채널이 넘칠 정도다. 투자에 대해 엄청나게 많은 내용이 방송된다. 유튜버와 주식 전문가가 방송에 나와 대화하는 내용도 많다. 이와 달리 전통적인 경제 채널인 케이블 TV에서는 전화로 특정 종목에 대해 질문한다. 질문자는 현재 얼마에 투자했는데 향후 어떻게 해야 할지 묻는다. 전문가는 이렇게 하라고 조언을 준다.

전화를 건 사람이 진짜 일반인이 아니라 전문가와 알고 있는 경우도 많다. 사전에 대략적인 이야기를 서로 맞춘 후 전화를 걸어 종목 상담을 한다. 그런데 전문가에게 질문하는 사람의 수준이 답답하고 안쓰럽다고 느낄 때가 한두 번이 아니다. 특정 종목을 본인의 돈으로 투자했다면 분명히 투자한 이유가 있어야 한다. 최소한 재무제표를 보고 현 상황이 어떤지 파악해야 한다. 관련 뉴스도 읽고 산업이나 회사 전망에 대한 애널리스트의 리포트도 읽어야 한다. 이를 통해 관련 산업이 현재 어떤 상황인지 파악하고 투자해야 한다.

전화를 건 사람이 전문가에게 하는 이야기를 들으면서 귀를 의심할 때가 한두 번이 아니다. 대체 무엇을 보고 투자한 것인지 도저히 이해되지 않을 때가 많다. 방송에서 언급하는 기업 중 내가 알고 있는 기업도 있고 모르는 기업도 있는데 질문 내용이 너무 터무니없었다. 그 기업을 조사하고 투자했다는 느낌이 들지 않았다. 왜 그 기업에 투자했는지 제대로 이야기하지 못했기 때문이다.

"얼마에 들어갔는데 얼마에 나와야 할까요?"라는 정말로 귀를 의심하는 내용이었다. 전문가의 의견도 들어보면 재미있다. 단순히 얼마까지는 기다리고 얼마까지 내려가면 매도하라고 한다. 얼마 이상 오르면 수익을 확정 짓고 매도하라고 한다. 특별한 이유는 없다.

최소한 내가 투자한 이유는 있어야 하지 않을까. 이 정도 공부도 하지 않은 상태에서 한 투자가 성공할 리 없다. 이처럼 조사도 하지 않고 무작정 남들이 좋다고 하는 종목에 덩달아 투자하는 사람이 의외로 많다. 유명 전문가가 '추천'한 것도 아니고 '언급'했다는 이유만으로 투자한다. 누가 추천하고 언급했더라도 자신이 따로 공부하여 투자 결정을 내려야 한다. 그것마저도 귀찮아서 안 한다. 다른 누구 돈도 아닌 내 돈인데도.

창업은 자기 돈 전부를 걸고 하는 사업이다. 그런데도 직접 현장을 돌아다니면서 상권을 조사하지 않는다. 창업할 업종의 매장을 돌아다니는 노력도 안 하는 사람도 많다. 프랜차이즈에서 권유하는 영업장을 계약하고 기본 교육만 받고 시작한다. 이는 제대로 된 준비도 안 하고 창업하는 것과 마찬가지다. 창업 전에 관련 매장에서 직접 아르바이트하며 매출과 특성을 파악한 후에 해도 될까 말까인데 말이다.

지금도 마찬가지지만 과거에 한국은 교육에 목숨을 걸었다. 부모는 못 먹고 못 입으며 자녀 교육을 위해 모든 걸 포기했다. 자녀가 오로지 공부에만 올인할 수 있게 희생했다. 이는 대한민국만의 유일한 특성은 아니다. 전 세계 개발도상국의 공통점이다. 개발도상국에서 출세하는 유일한 방법은 바로 공부다. 공부가 아니면 도저히 현재의 처지에서 벗어날 방법이 없다. 개발도상국이 아니더라도 전 세계 어디서나 공부는 현재 상황을 개선할 수 있는 가장 확실한 방법이다. 부익부 빈익빈 현상의 심화되어 예전처럼 가난한 집에서 자란 아이들이 출세하기는 힘들어졌지만 여전히 공부는 자신이 처한 환경과 신세를 바꿀 수 있는 강력한 방법이다.

학창 시절에 높은 성적을 받아 상위권 대학에 가는 건 좋은 일이다. 그러나 이제는 사회가 발달하면서 다양한 업종이 생기고 기존에 없던 새로운 직업도 생기고 있다. 꼭 좋은 대학을 나오지 않아도 된다. 성인이 된 후 자신에게 맞는 올바른 공부만 해도 충분하다. 공부로 자신에게 필요한 걸 충분히 얻을 수 있다.

학교를 졸업해도 공부는 끝이 아니다. 졸업하면 본격적인 생존 공부가 시작된다. 학창 시절 공부에서 도태되고 낙오되었어도 인생의 실패자는 아니다. 오히려 유연하게 다양한 직업을 선택할 기회를 가질 수 있다.

높은 성적을 받고 일류 대학을 갔다면 생각하지도 못했을 다양한 직업을 경험하고, 사업 기회도 스스로 창출할 수 있다.

이런 의미에서 볼 때 사람들은 너무 공부를 안 한다. 회사에 다니느라 공부할 여유가 없다고 한다. 승진을 위한 공부만으로도 바쁘다고 한다. 주말에 편히 쉬어야만 주중에 회사 업무에 집중할 수 있다고 한다. 맞다. 그렇게 하면 내 인생은 이후에도 푹 쉬게 될 것이다. 남들이 여유 있게 쉴 동안 실패한 낙오자로 푹 쉴 수 있다.

공부라면 학을 뗄 정도라 하더라도 이제는 본격적인 공부를 시작해야 한다. 이 글을 읽고 있는 바로 지금 말이다. 재미있는 현상이 있다. 공부하면 할수록, 알면 알수록 투자할 곳이 많아진다. 공부하면 투자 기회가 찾아오고 예전에는 몰랐던 투자처가 보이기 시작한다. 예전에는 몰라서 지나쳤던 투자처가 새로운 투자 기회를 준다.

공부하지 않고 성공한 사람을 나는 단 한 명도 알지 못한다. 이론적인 공부를 했건, 현장에서 돌아다니며 현장 중시 공부를 했건, 끊임없이 공부한 사람 중에 성공하지 못한 사람을 본 적이 없다. 당신이 존경하고 본받고 싶은 사람 중 공부를 게을리한 사람이 있는가?

그런데도 왜 당신은 공부하지 않는가? 당장 투자하지 않아도 좋다. 아니, 투자를 아예 하지 않아도 좋다. 나도 직접 투자하는 것보다 나보다 투자를 잘하는 사람에게 내 돈을 맡기는 게 훨씬 편하다. 그가 내 돈을 맡아 알아서 불려준다면 나는 마음껏 내가 하고 싶은 걸 할 수 있지 않겠는가?

역설적으로 그렇기 때문에 공부해야 한다. 아무것도 모르는데 어떻게 남에게 투자를 맡길 수 있는가? 당신이 잘 알고 있거나 최소한 어떤 식으로 굴러가는지는 알아야 한다. 그래야 투자 제안을 한 사람의 이야기를 늘어보고 판단하여 내 돈을 맡길 수 있지 않겠는가? 누군가와 함께 투자하더라도 뭘 알아야 함께할 수 있다. 당신이 모르는 걸 상대방이 잘 투자하고 알아서 돈을 불려줄 것이라고 순진하게 믿는가?

나도 공부를 통해 이 책에 나온 모든 내용을 습득했다. 공부하지 않고 상위 세계로 진입할 수 있겠는가? 현대사회에서 가만히 있는 건 사회에서 낙오되는 지름길이다. 움직이지 않으면 현상 유지도 힘들다. 하기 싫어도 공부하고 노력해야 한다. 어차피 해야 한다면 남에게 떠밀려 하지 말고 스스로 공부하자. 억지로 하는 공부가 아니라 스스로 살아남기 위해 공부하자. 그러려면 어설픈 공부 말고 제대로 공부해야 한다.

세계 최고의 부자이자 세상을 변화시킨 빌 게이츠의 말이다.

"공부벌레들에게 잘 해주십시오. 나중에 그 사람 밑에서 일하게 될 수도 있습니다."

"Be nice to nerds. Chances are you'll end up working for one."

감정으로 소비하지 마라

"열심히 일한 당신 떠나라!"

"부자 되세요!"

"아버지는 말하셨지. 인생을 즐겨라!"

위 문구는 당신의 노력을 칭찬하거나 덕담하는 말로 들린다. 평소에 열심히 일한 나에게 이보다 더한 칭찬과 격려는 없다. 더할 나위 없는 칭찬으로 들리지만 사실 신용 카드 광고에 나오는 문구다. 카드사에서 이런 광고를 하는 목적은 하나다. 제발 돈을 쓰라는 것이다.

산업혁명으로 대량생산이 가능해지면서 필수품을 저렴하게 구입할 수 있게 되었다. 사람들은 손쉽게 필수품을 마련했다. 시장경제가 더욱 발달하며 현금이 없어도 제품을 살 수 있는 도구가 생겼다. 대출과 카드다. 지금 당장 돈이 없어도 물건을 살 수 있다.

기업은 고객에게 더 좋은 품질을 보여줄 필요가 없어졌다. 아무리 품질을 개선해도 고객들은 새롭게 받아들이지 않고 차이도 모른다. 고객은 품질 향상이 아니라 멋진 광고와 세련된 디자인을 보고 선택한다. 기업도 타사 제품보다 더 좋은 기능과 품질을 부각하지 않는다. 사람들의 관심을 유혹하는 광고를 선보이고 감각적인 디자인으로 시선을 끈다.

유행의 첨단을 앞서가는 연예인, 사회 지도층 인사, 인플루언서의 패션과 라이프 스타일은 대중에게 그대로 노출되어 유행이 된다. 감탄을 자아내는 디자인으로 만들어진 제품은 트렌드가 된다. 소비자를 자극하는 광고와 유행은 사용 가치가 있는 물건을 쓰지 않게 만들고, 새로운 제품의 구매욕을 불러일으킨다. 무엇보다 이런 소비는 인간의 쾌락을 만족시켜 준다. 소비가 하나의 이데올로기로 작동한다. 소비하지 않으면 안 되는 지경까지 이른다. 남들이 다하는 소비를 하지 않으면 시대에 뒤처진 사람으로 느껴진다.

인류 문명이 발달하며 개인주의가 득세하자 사람들은 점점 외로움에 몸부림친다. 가족, 친구, 직장 동료도 외로움을 몰라준다. 복잡한 현대사회에서는 열심히 노력해도 성취감을 얻기 어렵다. 공허함이 자신의 감정을 짓누른다. 과거와는 비교할 수도 없이 인구가 늘어나고 주변에 사람이 넘쳐도 풍요 속 빈곤처럼 혼자라는 느낌은 더욱 강해진다.

이때 기업은 은밀하면서 노골적으로 당신의 외로움을 함께 해준다는 메시지를 끊임없이 노출한다. 바로 소비하라는 신호다. 당신이 소비하는 즉시 외로움은 저 멀리 사라진다고 속삭인다. 자본주의 사회에서 소비하려면 현금이 필요하다. 하지만 현금이 부족해도 당신에게는 신용카드라는 막강한 도구가 있다. 성인이 되면 누구나 최소한 한 장씩 가져야만 한다는 그 도구다.

매장에서 무언가를 소비하고 현금을 내면 내 주머니에서 빠져나가 손해 보는 느낌이 나지만 신용카드는 그렇지 않다. 청구된 금액을 결제하기 위해 카드를 내민다. 결제 기계에 한 번만 긁어주면 그것으로 끝이다. 결제 후에 신용카드를 돌려받으니 돈을 썼다는 기분도 들지 않는다. 충분히 즐기고 만끽하고 내 외로움을 달래주는 소비를 했는데도 직접적으로 쓴 지출이 없다고 느껴지니 소비는 더욱 증진된다.

당신의 소비를 촉진하기 위해서 '카르페 디엠(carpe diem)!', 즉 '지금 즐겨라, 대가는 나중이다!'라는 구호는 모든 사람의 가슴에 불을 지폈다. 팍팍한 삶에 소비마저 없으면 인생이 각박하다고 생각한다. 사람들은 나를 인정해 주지 않지만 소비할 때 나는 최고가 된다. 이 세상 그 무엇보다 대단한 존재가 된다. 지금 즐기는 것이 최고라고 여긴다.

KB금융지주 경영연구소의 '대한민국 부자 보고서'에 의하면 부자는 금융자산 10억 원 이상 보유한 사람을 말한다. 2020년 기준으로 39.3만 명이 있다. 1인당 평균 66.6억 원의 금융자산을 갖고 있다. 이들의 라이프 스타일은 인터넷, 케이블 TV 예능 프로그램, SNS와 유튜브를 통해 쉽게 볼 수 있다. 패리스 힐튼과 같은 세계 0.1%에 속한 부자의 생활도 SNS로 본다. TV 드라마에서 보여주는 부자는 하나같이 상위 1%가 즐기는 패션과 생활 패턴을 보여주며 시청자의 욕망을 자극한다. 우리가 아무리 노력해도 최상류층과 같은 자산을 모으는 건 평생 불가능하다. 대신에 그들의 라이프 스타일은 어느 정도 흉내 낼 수 있다.

소비는 대리만족을 선사한다. 부자가 아닌 나도 그들의 라이프 스타일을 경험할 수 있다. 같은 장소에 살지는 못하지만 그들이 입는 패션은 구입할 수 있다. 플렉스(flex)를 외치며 연예인 등 선망의 대상이 가진 상품을 장만한다. 잠시나마 부자가 되었다는 감정에 행복해한다.

소비를 통해 낮아진 자존감이 높아지고 평생 꿈꾸던 부자가 되었다는 대리만족이 충족된다. 하지만 날이 갈수록 통장 잔고는 줄어든다. 월급날 돈을 만져보기도 전에 통장을 스쳐 지나가며 카드값으로 전부 사라진다. 현재를 최대한 즐긴 결과로 남는 건 쾌락과 감정적 만족뿐이다.

이제 자본주의 시스템에 완벽히 적응한 사람이 된다. 싫어도 일해야만 한다. 매달 나오는 월급이 없으면 살아남기 힘들다. 돈을 모아 굴리는 것은 언감생심 꿈도 꾸지 못하는 남의 일이다. 한번 어긋난 소비 패턴은 되돌릴 수 없는 악순환을 반복할 뿐이다. 나를 몰라주는 더러운 세상에서 위안이 되는 소비로 풀 수밖에 없다.

오늘도 내 욕망을 자극하고 불태우며 감정을 불러일으키는 광고는 나를 유혹한다. "여행은 살아 보는 거야(에어비앤비)", "사람이 미래다(두산)", "지구에서 가장 행복한 곳(디즈니랜드)", "Just do it(나이키)", "불가능 그것은 아무것도 아니다(나이키)", "아~ 역시 작아(삼성TV)", "골라 먹는 재미가 있다(배스킨라빈스)", "Always(코카콜라)", "여러분 부자 되세요(BC카드)"

이밖에도 수없이 많은 광고가 우리 감정에 호소한다. 당신이 꼭 필요한 제품을 구입하는 경우는 드물다. 필수품마저도 사치품으로 둔갑하여 남들과는 달라 보이는 상품으로 팔려나가는 실정이다. 앞서가는 인플루언서 내지 힙한 인물로 보여야 사람들에게 환영받고 대접받는 세상이 되었다.

자! 이제 만족하는가? 자본주의 사회에서 원하는 완벽한 소비자로 변신하여 플렉스로 몸을 치장한다. 친구들과 만나 스타벅스에서 커피를 마시며 저녁에 파티를 즐기는 당신의 모습이 자랑스럽다. 공허함과 우울한 감정은 저 멀리 사라졌다고 자신하는가? 이런 내 모습을 부러워하는 사람들의 시선을 즐기면서 '카르페 디엠(carpe diem)!'으로 살아가는 나는 더할 나위 없이 성공한 인생인가?

"길지 않은 인생, 하루라도 젊을 때 마음껏 쓰면서 살아야 하지 않겠는가?"라는 이야기에 동의하는가? 동의한다면 지금까지 이 책에서 언급한 모든 이야기는 당신에게 전혀 필요 없다. 그런 당신에게 이 책의 내용은 쓰레기와 같다.

지금까지 '부자 될 준비'에 대해 이야기했다. 소비에 대한 관점은 현재 당신이 생각하고 지출하는 패턴과는 완전히 다른 반대 지점에 있다. 소비를 통제하는 데는 부자고 뭐고 없다. 소비 지출을 억제하는 것 이외에는 어느 것도 답이 아니다. 소비는 소비일 뿐이다. 소비는 당신을 위로해 주지 않는다. 왕이라는 착각을 불러일으킬 뿐이다.

소비로 무너진 자존감을 찾으려 하지 말자! 우울한 마음을 소비로 위로하고 기쁜 감정을 소비로 풀려고 하는가? 그렇다면 당신의 돈을 노리는 기업 광고와 욕망을 자극하는 유행에 속는 것이다!